بسم الله الرحمن الرحيم

حقوق الملكية الصناعية

(مفهومها، خصائصها، إجراءات تسجيلها)

حقوق الملكية الصناعية

(مفهومها، خصائصها، إجراءات تسجيلها)

وفقا لأحدث التشريعات والمبادئ القانونية

المحامي

سائد أحمد الخولي

عمان - الأردن

الطبعة الأولى

١٤٢٥ هـ - ٢٠٠٤ م

رقم الإجازة المتسلسل لدى دائرة المطبوعات والنشر (٥٩ / ١ / ٢٠٠٤)
رقم الإيداع لدى دائرة المكتبة الوطنية (٥٣ / ١ / ٢٠٠٤)

٣٤٦,٠٤٨

الخولي ، سائد

حقوق الملكية الصناعية: مفهومها، خصائصها، إجراءات تسجيلها / سائد احمد الخولي. ـ عمان: دار مجدلاوي ، ٢٠٠٤

(١٦٠) ص

ر. إ. : ٥٣ / ١ / ٢٠٠٤

الواصفات : / الملكية الصناعية // الأسماء التجارية // براءات الاختراع /

* - تم اعداد بيانات الفهرسة الأولية من قبل دائرة المكتبة الوطنية

ISBN 9957 - 02 - 135 - 4 **(ردمك)**

دار مجدلاوي للنشر والتوزيع
عمان - الرمز البريدي: ١١١١٨ - الأردن
ص.ب: ١٨٤٢٥٧
تلفاكس: ٤٦١١٦٠٦-٤٦٢٢٨٨٤

Dar Majdalawi Pub. & Dis
Amman 11118 - Jordan
P.O.Box: 184257
Tel & Fax: 4611606-4622884

WWW.majdalawibooks.com
E-mail: customer@ majdalawibooks.com

الإهـــداء

إلى والدي الغالي ..

إلى والدتي الحبيبة ..

إلى اخوتي وأخواتي الأعزاء ..

شكر وتقدير

بعد الشكر لله الذي أمن علي بإنجاز وإتمام هـذا المؤلـف فإنـه لا يسعني إلا أن أرد جميلا لكل من كان عونا لي في إنجازه ...

فأتقدم بوافر الشكر والاحترام لوالدي التربوي العريق الذي ما بخل علي في أي وقت بالمعلومة المفيدة والمثرية في كيفيـة إعـداد هـذا الكتـاب إعدادا صحيحا وصياغته صياغة لغوية صحيحة ، لما تكون لديه مـن خـبرة ودراية واسعتين سواء في كتابة الأبحاث العلمية أو تأليف الكتـب المختلفـة في مجال اختصاصه ، ولما قدمه لي من عون معنوي ساعدني على إتمام هـذا المؤلف .

ولا أنسى أن أقدم جزيل الشكر وعظـيم الامتنـان إلى كـل مـن كـان عونا لي ولكل من مد لي يد المساعدة سواء أكان ذلك مـن حيـث التشـجيع والتحفيز على الكتابة بهذا الموضوع ، أو مـن حيـث تقـديم الـدعم المـادي المتمثـل بتقـديم المراجـع المختلفـة والمثرية لهـذا المؤلـف ، أو مـن حيـث إمدادي بالمعلومة المفيدة . وأخص بالشكر الزميل الفاضل المحـامي عـمار شموط لما كان له من فضل لا ينسى في إعداد وتأليف هذا الكتاب.

المقدمـــة

تعد حقوق الملكية الصناعية مـن أحـدث فـروع القـانون إضافة إلى كونهـا تشـكل دعامـة رئيسـة في اقتصـاد أي دولـة أو مجتمـع إذا مـا تـم الاهتمام بها وحمايتها على الشكل الأمثل ، لمـا لتلك الحقوق مـن طبيعـة قانونية خاصة تمنح بموجبها سلطة تصرف واستعمال واستغلال عـلى أشـياء غير مادية علاوة على ما تفرزه هذه الحقوق في المجتمعات من أنـاس ذوي فكر وإبداع لا بد من تشجيعهم على تنمية هـذا الإبداع والتفكـير لـديهم من خلال طمأنتهم عـلى حمايـة الدولـة لإبداعاتهم ومبتكـراتهم . وهـذه الأهمية البالغة لتلك الحقوق دفعت معظم دول العـالم لا سـيما الصناعية منها ومن بعدها بعض الدول الناميـة إلى سـن العديد مـن القـوانين التـي تنظم هذه الحقوق.

ولما لم يكن الاهتمام كافيا ومتناسبا مع مدى أهمية هـذه الحقـوق في التشريعات الأردنية التي كانت سارية قبل انضمام المملكة للمعاهـدات والاتفاقيـات والمـنظمات الدوليـة التـي تهتم بهـذه الحقـوق ، كـان لـذلك انعكاس سلبي تمثل في كثرة وقوع الاعتـداء وقلة الـوعي والفهم اللازمـين لهـذه الحقـوق لـدى معظـم فئـات المجتمـع الأردني ، ونـدرة في المؤلفـات والمصنفات في هذا المجال .

إلى أن جاء انضمام الأردن لمنظمـة التجارة العالميـة ومـا تبـع ذلـك الانضمام من وجوب الالتزام بالكثير مـن المعاهـدات والاتفاقيـات الدوليـة المتعلقـة بالملكيـة الفكريـة ، فـأدى ذلـك بالنتيجـة إلى حـدوث طفـرة في تشريـعاتنا المتعلقـة بتلـك الحقـوق مـن خـلال إجـراء تعـديلات جذريـة وجوهرية ملموسة على

ما كان قائما منها من جهة واستحداث قوانين وتشريعات جديدة لم تكن معروفة في قاموس التشريعات الأردنية مسبقا .

لذا فسنسعى من خلال هذا الكتاب إلى المساعدة في تعريف القارئ ولا سيما من له اهتمام أو مصلحة يتعلقان بهذه الحقوق على أهم المتغيرات والمستجدات التي طرأت على بعض هذه الحقوق وما نجم عن ذلك من ظهور مصطلحات ومفاهيم وجوانب جديدة لم تكن التشريعات السابقة قد تطرقت لها وبخاصة فيما يتعلق بالعلامات التجارية وبراءات الاختراع والأسرار التجارية مثل : بسط المشرع الأردني لحمايته على العلامات التجارية المشهورة والجماعية ، وتنظيمه لموضوع التراخيص الإجبارية بما يناسب مصلحة كل من المالك والحاصل على الترخيص الإجباري ، إضافة إلى توضيح وبيان حق الأولوية الذي منحه المشرع لطالب تسجيل الاختراع أو الرسم أو النموذج الصناعيين وغيرها من الجوانب المستحدثة والهامة.

وسيتضمن الكتاب توضيحا لمدى انسجام هذه القوانين والتشريعات مع المتطلبات الدولية وكيفية التعامل مع هذه الحقوق ابتداء من التعرف على ماهيتها وشروطها مرورا بإجراءات تسجيلها وانتهاء بحالات انتقالها والمدة القانونية المقررة لحماية كل منها . مدعما ذلك كله عند البحث في تلك الموضوعات بأهم الآراء الفقهية أو القضائية حسب مقتضى الحال .

ولابد من البيان أن الحديث عن حقوق الملكية الصناعية إذا ما أريد إعطاؤه كل حقه سيكون حديثا طويلا جدا خاصة إذا ما تم التطرق إلى موضوع الحماية الجزائية لتلك الحقوق والجرائم التي قد تقع عليها ، لذا فقد رأى المؤلف أن يقتصر البحث في حقوق الملكية الصناعية على مفهومها وشروط تسجيلها سواء الشكلية منها أم الموضوعية وما يتفرع عن هذا

التسجيل من إجراءات دقيقة خوفا من أن يأخذ الحديث عن الحماية الجزائية والجرائم الواقعة على تلك الحقوق حيزا كبيرا في هذا الكتاب وبالتالي يؤثر سلبا على الغاية المبتغاة ألا وهي إيصال القارئ الكريم إلى تحديد ماهية ومفهوم تلك الحقوق وكيفية تسجيلها للحصول بالتالي على الحماية اللازمة لها حسب ما هو وارد قانونا وفقها دون التطرق إلى جوهر هذه الحماية . كما أن الحديث بين سطور هذا المؤلف سيقتصر على أهم وأكثر الحقوق ارتباطا بحياتنا العملية دون التطرق إلى باقي حقوق الملكية الصناعية أو الأدبية لكثرتها، ولتحقيق الفائدة الأكبر للقاريء الكريم .

آملا من الله عز وجل أن يكون ما ورد في هذا الكتاب عونا لكل باحث أو مهتم، حيث أنني قد حرصت من خلال هذا الكتاب على معالجة وإيضاح بعض الجوانب التي تضمنتها التشريعات الحديثة في الأردن في هذا المجال لإبانة وتوضيح ما قد يعتليها من غموض أو نقص أو عيب .

المؤلف

المصطلحات

- العلامة المشهورة : العلامـة التجاريـة التـي اكتسـبت شـهرة عالميـة كبـيرة تعدت بلد تسجيلها .

- العلامة الجماعية : العلامـة التـي تسـتخدمها منشـأة مـا ، لـيس لتمـييز بضاعة أو سلعة من صنعها وإنما لتميز بها خاصية معينـة مـن خصـائص تلك البضاعة أو طريقـة إنتاجهـا أو مصـدرها أو خطـوة أو مـادة أوليـة دقيقة دخلت في صناعتها .

- الترقين : الشطب .

- حق الأولوية : الحق الذي يحصل عليه طالب التسجيل لاختراع ما ، كان قد تقدم بطلـب سـابق لتسـجيله ولم يـتمكن مـن ذلـك أو سـجل ذلـك الاختراع في إحدى الدول المرتبطة مع المملكـة باتفاقيـة لحمايـة الملكيـة الصناعية ، بحيث يمنحه هذا الحق أولوية في تسجيل اختراعه عـلى غـيره ممن تقدموا في طلب تسجيل لـنفس الاختراع أو مشـابه لـه إذا لم يكـن أحدهم قد حصل على البراءة بعد .

- براءة الاختراع الإضافية : هي البراءة التي يحصل عليها المخترع نتيجة لما يضيفه على اختراعه الأصلي من تحسينات أو تعديلات إضافية .

- WTO: World Trade Organization.

- TRIPS: Agreement on Trade Related Aspects of Intellectual Property Rights.

المحتويات

الباب التمهيدي
حقوق الملكية الصناعية

وسيكون هذا الباب مدخلا للتعرف أولا على ماهية حقوق الملكية الصناعية بشكل عام من خلال عدة جوانب ، أهمها :

- **الفصل الأول : مفهوم الملكية الصناعية .**

  المبحث الأول : تعريف حقوق الملكية الصناعية .

  المبحث الثاني : الطبيعة القانونية لحقوق الملكية الصناعية .

- **الفصل الثاني : نشأة وضرورة حقوق الملكية الصناعية .**

  المبحث الأول : نشأة تشريعات الملكية الصناعية .

  المبحث الثاني : ضرورة حماية الملكية الصناعية .

  المبحث الثالث : مصادر تشريعات الملكية الصناعية .

مفهوم الملكية الصناعية

المبحث الأول

تعريف حقوق الملكية الصناعية

نظرا لحداثة فكرة حماية حقوق الملكية الفكرية بشكل عام وحقوق الملكية الصناعية بشكل خاص لا سيما في العالم العربي بالإضافة إلى تفاوت الدول في اهتمامها وحمايتها لهذه الحقوق أدى ذلك إلى ندرة التعريفات الفقهية والقانونية لهذه الحقوق مما دفع المؤلف إلى إيراد أهم التعريفات الفقهية لمفهوم الملكية الصناعية وبالتالي تحديد نطاق هذه الحقوق وطبيعتها القانونية والتي ستكون الأساس للبحث في هذه الحقوق.

فقد عرفت د.سميحة القليوبي حقوق الملكية الصناعية بأنها :- " الحقوق التي ترد على مبتكرات جديدة مثل **المخترعات والرسوم والنماذج الصناعية** ، أو على شارات مميزة تستخدم إما في تمييز المنتجات والسلع **كالعلامة التجارية** أو في تمييز المنشآت التجارية **كالاسم التجاري** بحيث تمكن صاحبها من الاستئثار باستغلال ابتكاره أو علامته التجارية أو اسمه التجاري في مواجهة الكافة ".[١]

أما د.حسني عباس فعرفها بأنها : " حقوق استئثار صناعي تخول

---

(١) د.سميحة القليوبي ، **الملكية الصناعية** ، دار النهضة العربية / القاهرة ب ت ، ص١١

صاحبها أن يستأثر قبل الكافة باستغلال ابتكار جديد أو استغلال علامة مميزة " .[1]

وأرى هنا تعريف هذه الحقوق بما يلي : مجموعة من الحقوق المعنوية المتعلقة بمبتكرات جديدة أو علامات أو أسماء مميزة تمنح صاحبها الحق في استغلالها واحتكارها ، تقوم على فكرة العدالة وتؤدي لمنع قيام المنافسة غير المشروعة .

بالتالي نجد بأن أهمية حقوق الملكية الصناعية تنبع من كونها تمنح صاحبها حق الاستئثار الصناعي بما يبتكره مما يشكل ضمانا له لقيام المنافسة المشروعة من قبل الغير ، بحيث يعطى كل شخص وفقا لما بذله من جهد مادي أو جسدي في إيجاد وتطوير مبتكره.

ويتبين للقارئ الكريم من تعريف حقوق الملكية الصناعية بأنها تنقسم إلى قسمين :

١-حقوق ترد على إشارات وأسماء مميزة تستخدم في تمييز المنتجات والسلع مثل العلامة التجارية، أو المنشآت التجارية مثل الاسم التجاري .

٢- حقوق ترد على ابتكارات جديدة ، وهذه الابتكارات إما أن تنصب على ابتكار في الموضوع مثل براءات الاختراع أو ابتكار في الشكل مثل الرسوم الصناعية والنماذج الصناعية .

وسيكون منطلق الحديث عن حقوق الملكية الصناعية وفقا للتعريفات والتقسيمات التي أوردتها دون تقسيم هذه الحقوق إلى صناعية وتجارية كما

(١) د.محمد حسني عباس ، **التشريع الصناعي** ، ب ن ، ١٩٧٦م

يرى معظم الفقه الأردني ، كونها وكما يرى الكثير من الفقهاء[1] ترتبط جميعها بالجانب الصناعي ولم يفرقوا بين الملكية الصناعية والتجارية ، كما أن المشرع الأردني لم يفرق بين هذه الحقوق فيما إذا كانت تجارية أم صناعية.

والجدير بالذكر أن اتفاقية باريس أوردت هذه الحقوق جميعها ضمن مسمى الحقوق الصناعية ، وكون الأردن ملتزم بأحكام هذه الاتفاقية ولاسيما المواد (١-١٢والمادة ١٩) منها بموجب المادة (١/٢) من اتفاقية تريبس نورد ما جاء في المادة (٣/١) من اتفاقية باريس حيث حددت مفهوم الملكية الصناعية بمعناه الواسع فجاء فيها : " تؤخذ الملكية الصناعية **بأوسع معانيها**، فلا يقتصر تطبيقها على الصناعة **والتجارة** بمعناها الحرفي وإنما تطبق كذلك على الصناعات الزراعية والاستخراجية وعلى جميع المنتجات المصنعة أو الطبيعية مثل الأنبذة والحبوب وأوراق التبغ والفواكه والمواشي والمعادن والمياه المعدنية والبيرة والزهور والدقيق " ، فيتضح للقارئ الكريم بأن هذه الاتفاقية أضفت مسمى الملكية الصناعية على حقوق الملكية سواء المرتبط منها بالصناعة أو بالتجارة أو حتى بالزراعة .

المبحث الثاني

الطبيعة القانونية لحقوق الملكية الصناعية :

تقسم الحقوق المتعلقة بذمة الشخص إلى ثلاثة أقسام هي[2] :-

---

(١) وهذا ما ذهب إليه : د.سميحة القليوبي ، د.محمد حسني عباس ، د.حسني عباس ، W.R Cornish

(٢) المواد (٦٧-٧١) من القانون المدني .

١- الحقوق الشخصية : وهي رابطة قانونية بين دائن ومدين يطالب بمقتضاها الدائن مدينه بنقل حق عيني أو القيام بعمل أو الامتناع عن عمل .

٢- الحقوق العينية : وهي سلطة مباشرة على شيء معين يعطيها القانون لشخص معين .

٣- الحقوق المعنوية : وهي التي ترد على شيء غير مادي .

وهنا لا بد من معرفة أين هي حقوق الملكية الصناعية من هذا التقسيم وإلى أي من هذه الأنواع تنتمي :

فبالنظر إلى حقوق الملكية الصناعية نرى بأنها لا يمكن اعتبارها حقوقا شخصية حيث أنها لا تمثل أي علاقة أو رابطة قانونية بين شخصين أحدهما دائن للآخر .

كما يلاحظ بأنها لا تتعلق (لا ترد) على شيء مادي محدد بذاته وإنما على أشياء معنوية لها قيمة مالية تمكن صاحبها من استغلالها اقتصاديا ويحصل بمقتضاها صاحبها على حق الاستغلال والاستعمال والتصرف بهذه الأشياء غير المادية حتى يمكن إيصالها إلى الكافة . بالتالي اعتبرتها د.سميحة القليوبي حقوقا معنوية من نوع خاص [١] .

ومن ناحية القول بأن هذه الحقوق لا ترد على أشياء مادية محددة بذاتها فقد دفع ذلك الأمر بالبعض إلى القول بأنه لا يمكن أن تكون هذه الحقوق من حقوق الملكية فيقول في ذلك د.صلاح الدين الناهي :- " ... ومع ذلك فإنها في نفس الوقت بعيدة عن معنى الملكية أيضا لأن الحقوق الصناعية لا تقوم في أشياء مادية بل تتجلى في ثمرات العقل وحصيلته وتلك عناصر غير مادية"[٢] .

---

(١) انظر : د.سميحة القليوبي ، **المرجع السابق** ، ص١٣

(٢) انظر : د.صلاح الدين الناهي ، **الوجيز في الملكية الصناعية والتجارية** ، دار الفرقان / عمان ب ت   الصفحات ١٧-١٩

وهنا فإنني أخالف هذا الرأي وذلك كون صاحب هذه الحقوق يملك تجاهها جميع التصرفات المرتبطة بحق الملكية ، فعند تعريف القانون المدني الأردني لحق الملكية لم يشترط فيه أن يقع على أشياء مادية أو غير مادية فاكتفى بالقول بأنه سلطة المالك في أن يتصرف في ملكه تصرفا مطلقا عينا ومنفعة واستغلالا .(١)

وهناك من يرى بأن هذه الحقوق تتضمن جانبان : جانب أدبي (معنوي) وجانب مالي ، ويفسر ذلك بأنه بموجب الحق المالي يستطيع صاحب الحق استثمار عمله الإبداعي تجاريا . أما بموجب الحق المعنوي فيتمكن من خلاله الدفاع عن ذلك العمل من الاعتداء أو التحريف أو التقليد المتوقع كما يسمح له بتعديل وتغيير عمله وكذلك إلغاؤه وسحبه .(٢)

وأميل إلى تأييد الرأي الأخير كونه قد فسر طبيعة حقوق الملكية الصناعية سواء من حيث سلطة صاحبها في التصرف بها أو من حيث استعمالها و/أو استغلالها و/أو حمايتها والدفاع عنها .

---

(١) ارجع المادة (١٠١٨) من القانون المدني رقم (٤٣) لسنة ١٩٧٦

(٢) أ.د. حسن الهداوي ، **القانون الدولي الخاص _ تنازع القوانين _** ، دار الثقافة للنشر والتوزيع / عمان ١٩٩٥ ص١٣٧

نشأة وضرورة حقوق الملكية الصناعية

المبحث الأول

أساس نشأة تشريعات الملكية الصناعية :-

بعد أن كان الإنسـان في العصـور القديمـة يعمـل جاهدا مـن خـلال طاقته الجسدية أو مـن خـلال قـوة الحيـوان للقيـام ببعض الأعمـال التـي تحتاج للطاقة فقـد تطـور فكر الإنسـان وعقلـه بمـرور الزمـان ليصـل إلى استخدام بعـض المصـادر الطبيعيـة كالمـاء والهـواء ثم إلى استخدام الآلـة الميكانيكية مما جعل من المهم جدا نتيجة لهذا التطور وما نشـأ عنـه مـن مبتكرات وحقوق جديـدة وضع تشريعات وقوانين رادعـة تحمـي هـذه الحقوق والمبتكرات وتضمن استمرارية ذلك التقدم الفكري والإبداعي.

وقد ظهرت البوادر الأولى لهذه الحقوق خلال العصور الوسطى علـى شكل حماية قانونية للعلامات التجاريـة . كمـا ظهرت تلك الحقـوق في مستهل القرن الخامس عشر في قانون البندقيـة الصادر عـام ١٤٧٤م إلا أن هذه الحقوق لم يتأكد وجودهـا ولم تـبرز نظمهـا القانونيـة إلا في منتصـف القرن التاسع عشر ، فبعد قيام الثورة التكنولوجية تحركت المدنيـة وتطور العالم تطورا يفوق بكثير أضعاف ما بلغته المدنية قـبل عصر ـ التكنولوجيا ، حيـث أدى اكتشـاف طـرق ومصـادر جديـدة للطاقـة إلى قيـام الثـورة التكنولوجية مما أدى

إلى تحول الإنتاج من استخدام قوى الإنسان والحيوان والطبيعة إلى استخدام قوى الآلات الحديثة .

وقد ترتب على هذه الثورة التكنولوجية ثورة اقتصادية ذات مظاهر صناعية وتجارية وزراعية سميت بالثورة الصناعية نظرا لتعلق هذه المكتشفات في الدرجة الأولى بالتطبيق الصناعي . فنتيجة لظهور هذه الاختراعات الحديثة ظهرت منتجات ووسائل إنتاج جديدة لم تكن معروفة من قبل .

ونتيجة للتطور الذي شهدته وسائل النقل البري والبحري والجوي أدى ذلك إلى ازدياد الاختراعات وازدياد حركة الثورة الصناعية لما تؤديه هذه الوسائل من تيسير لاستيراد المواد الأولية وتصريف للمنتجات واتساع للأسواق ، وبالنتيجة ترتب على هذه الثورة التكنولوجية وما أعقبها من ثورة صناعية ظهور مصالح اقتصادية جديدة وعلاقات اقتصادية متشعبة تطلبت سن تشريعات برزت في إطارها حقوق اقتصادية من طبيعة جديدة ألا وهي حقوق الملكية الصناعية [١] .

وقد بدأت الجماعات وخاصة الأوروبية منها تهتم بتأسيس سوق مشتركة واتحاد اقتصادي ونقدي وأن ترتقي من خلال هذه الجماعة إلى تطور وتوازن ينسجم مع النشاطات الاقتصادية والوصول إلى نمو قابل للتحمل وغير تضخمي يحترم البيئة الاقتصادية ويؤدي إلى مستوى عالي من العمل والحماية الاجتماعية، فكان لا بد لتحقيق ذلك كله من سن التشريعات التي تكفل تحقيق مثل هذا التوازن والحماية وهي تلك التشريعات المتعلقة

---

(١) د. حسني عباس ، **الملكية الصناعية أو طريق انتقال الدول النامية إلى عصر التكنولوجيا** ، الناشر : المنظمة العالمية للملكية الفكرية (WIPO) جنيف ١٩٧٦ الصفحات ٥ - ٨ .

بالملكية الصناعية [1].

بالتالي فإن قوانين الملكية الصناعية هي المظهر القانوني للثورة التكنولوجية ، إذ أن هذه التشريعات تعكس مدى التقدم الصناعي والتكنولوجي الذي وصلت إليه الشعوب وحرصها على التنمية والتشجيع على الإبداع ، فقد أصبحت هذه القوانين من أهم التشريعات لدى الدول الصناعية المتقدمة في الوقت الحالي .

أما بالنسبة للدول العربية فقد أصدرت غالبيتها قوانين خاصة بالملكية الصناعية وقد كان أقدم تلك القوانين هو القانون التونسي المتعلق ببراءات الاختراع الصادر عام ١٨٨٨م ولعلنا يمكن أن نعزو هذا التقدم كون تونس آنذاك كانت مستعمرة فرنسية حيث كانت ولا تزال تشريعات الملكية الفكرية الفرنسية المرجع الرئيسي لتشريعات معظم دول العالم في هذا المجال ، أما أحدثها على الصعيد العربي فقد كان قانون السودان الخاص ببراءات الاختراع والأسرار الصناعية عام ١٩٧١م [2].

المبحث الثاني

ضرورة حماية الملكية الصناعية :-

انقسم فقهاء القانون والاقتصاد إلى قسمين فيما يتعلق بضرورة حماية الملكية الصناعية ، فمنهم من أيد هذه الحماية ومنهم من عارضها .

---

(1) W.R Cornish, **Cases and Materials on Intellectual Property**, Sweet & Maxwell, London 1999 P524

(٢) د. حسني عباس ، المرجع السابق ، ص٢٩

مؤيدو هذه الحماية ذهبوا إلى أن حقوق الملكية الصناعية يبررها ضرورة تنظيم المنافسة المشروعة عن طريق حماية الأمن الاقتصادي ، وتحقيق العدالة ، والعمل على تقدم الصناعة .

وقد قال أنصار هذا المبدأ فيما يتعلق بضرورة تنظيم المنافسة المشروعة وحماية الأمن الاقتصادي بأنه لا بد من قيام نظام داخل الجماعة لحماية الملكية الصناعية وخصوصا فيما يتعلق بالعلامات التجارية والأسماء التجارية لمنع استخدام أي من هذه الحقوق المملوكة لشخص ما من قبل شخص آخر دون وجه حق .

أما السبب الثاني لوجوب هذه الحماية وهو تحقيق العدالة فينبع حسب أنصار هذا الاتجاه وكما يقول روبيه من أن فكرة العدالة هي أساس لجميع حقوق الملكية الصناعية فالعدالة تتطلب حماية مصلحة صاحب العلامة التجارية بحيث يمتنع على غيره اغتصابها واستعمالها رمزا لمنتجات مشروع آخر كذلك الحال بالنسبة للاختراعات والرسم والنموذج الصناعي فالعدالة تقضي أن يستأثر صاحبها باستغلالها فترة من الزمن جزاء لما قدمه للمجتمع .(١)

أما فيما يتعلق بفكرة التقدم الصناعي فيقولون بأن حماية الملكية الصناعية وخاصة براءات الاختراع تشكل دافعا للابتكار وإيجاد مخترعات جديدة تؤدي إلى التقدم الصناعي.

الاتجاه المعارض لفرض الحماية القانونية على هذه الحقوق برر البعض رأيه ذلك بأن حماية حقوق الملكية الصناعية ولاسيما براءات

---

(١) د. حسني عباس ، المرجع السابق ، ص ٢٥

الاختراع هي عقبة في سبيل التقدم الصناعي ، فضلا عما تؤدي له من ارتفاع كبير في الأسعار يضر بالمستهلك وذلك نتيجة لأن هذه الحقوق تمنح صاحبها حق احتكار قانوني لهذا الحق مما يؤدي إلى منع الغير من استغلاله خلال فترة حمايته مما يؤدي بالتالي إلى فرض أسعار احتكارية غالبا ما تكون مرتفعة .

وذهب البعض الآخر ممن يعارضون حماية حقوق الملكية الصناعية إلى أن حماية هذه الحقوق يشكل عقبة في طريق انتقال الدول النامية إلى عصر التكنولوجيا لما يرتبه من احتكار استغلال الفكرة الاحتكارية خلال مدة الحماية لمصلحة الدول المتقدمة على حساب تلك الدول النامية .[1]

ولعل الرأي الأجدر بالتأييد هو الاتجاه الأول ، وهنا لابد من التأكيد على ضرورة حماية الملكية الصناعية بل وإعطاء هذه الحقوق اهتماما كبيرا ، فلا يمكن قبول فكرة أن منح صاحبها حق الاستئثار باستعمالها واستغلالها يؤدي إلى عرقلة التقدم التكنولوجي ونقل هذه التكنولوجيا بل على العكس تماما فإن تولد الشعور لدى أي شخص بأن ما سيتوصل له من ابتكارات أو اختراعات سيحظى بالحماية القانونية اللازمة وبأن هذا المبتكر أو المخترع سيكافأ على نتاجه فإن هذا سيؤدي بالتأكيد إلى تشجيع روح الإبداع والابتكار لدى هؤلاء الأشخاص ، علاوة على أنهم لن يتوانوا في إخراج تلك الفكرة الإبداعية إلى عالم الوجود ليستفيد منها بالتالي سائر أفراد المجتمع دون الخوف من إمكانية تعرضها لأي اعتداء أو استعمال غير مشروع كما لو كانت الحال عليه إذا لم تقم الدول بحماية هذه الحقوق .

---

(١) د. حسني عباس ، المرجع السابق ، ص٢٢ .

المبحث الثالث

مصادر تشريعات الملكية الصناعية

هناك العديد من المصادر المختلفة لحقوق الملكية الصناعية وقد ازدادت هذه المصادر مع انضمام الأردن إلى منظمة التجارة العالمية وما أدى إليه هذا الانضمام من إلزام المملكة الأردنية الهاشمية بتعديل الكثير من تشريعاتها وسن تشريعات أخرى تتلاءم مع المتطلبات الدولية المتعلقة بحماية هذه الحقوق ، علاوة على إلزام الدول الأعضاء بمنظمة التجارة العالمية بتنفيذ الحد الأدنى من متطلبات بعض الاتفاقيات الدولية بمجرد انضمامها لهذه المنظمة وعلى رأسها اتفاقية (TRIPS)، وسنورد للقارئ أهم تلك المصادر :

أولا / في التشريعات الأردنية :

١. قانون براءات الاختراع رقم (٣٢) لسنة ٩٩ وتعديلاته .

٢. قانون العلامات التجارية رقم (٣٣) لسنة ٥٢ وتعديلاته .

٣. قانون الرسوم الصناعية والنماذج الصناعية رقم (١٤) لسنة ٢٠٠٠ .

٤. قانون الأسماء التجارية رقم (٢٢) لسنة ٢٠٠٣ .

٥. قانون علامات البضائع رقم (١٩) لسنة ٥٣ .

٦. قانون حماية التصاميم للدوائر المتكاملة رقم (١٠) لسنة ٢٠٠٠ .

٧. قانون المؤشرات الجغرافية رقم (٨) لسنة ٢٠٠٠ .

٨. تعليمات التدابير الحدودية لحماية حقوق الملكية الفكرية رقم (٧) لسنة ٢٠٠٠ .

٩. قانون المنافسة غير المشروعة والأسرار التجارية رقم (١٥) لسنة ٢٠٠٠ .

١٠. قانون حماية الأصناف النباتية الجديدة رقم (٢٤) لسنة ٢٠٠٠ .

ثانيا / المعاهدات والاتفاقيات الدولية :

١. اتفاقية بـاريس لحمايـة الملكيـة الصناعية المبرمـة في ٢٠ مـارس ١٨٨٣م والمعدلة في ستوكهولم ١٩٦٧م

٢. اتفاقية مدريد المتعلقة بالإيداع والتسجيل الدولي للعلامات التجارية والصناعية المبرمـة في ١٤ نيسـان ١٨٩١م والمعدلـة في لنـدن ٢ حزيـران ١٩٣٤م .

٣. اتفاقية لاهاي الخاصة بالإيداع الدولي للرسوم والنماذج الصناعية المبرمة في ٦ تشرين ثاني ١٩٢٥م والمعدلة في لندن ٢ حزيران ١٩٣٤م .

٤. معاهـدة رومـا لحمايـة حقوق الملكيـة الصناعية المبرمـة في ٢٥ مارس ١٩٥٧م.

٥. معاهـدة ستراسبورغ المتعلقـة بتنظيم قواعـد منح بـراءات الاختراع والمبرمة في ٢٧ تشرين ثاني ١٩٦٣م .

٦. اتفاقية حقوق الملكيـة الفكريـة المتصـلة بالتجارة (TRIPS) المبرمـة فـي ١٥ أبريل ١٩٩٤م.

الباب الأول
العلامات التجارية

يتناول هذا الباب أهم وأكثر حقوق الملكية الصناعية شيوعا وتطبيقا في الأردن وهي العلامة التجارية ، وفقا للتقسيم التالي :

- الفصل الأول : تعريف العلامة التجارية ومفهومها .

  المبحث الأول : تعريف العلامة التجارية .

  المبحث الثاني : التطور التاريخي لمفهوم العلامة التجارية .

  المبحث الثالث : التقسيمات الفقهية للعلامات التجارية .

  المبحث الرابع : أشكال العلامة التجارية .

- الفصل الثاني : أنواع العلامات التجارية .

  المبحث الأول : العلامة التجارية المشهورة .

  المبحث الثاني : العلامة التجارية الجماعية .

  المبحث الثالث: علامة الخدمة .

- الفصل الثالث : تسجيل العلامة التجارية .

  المبحث الأول : العلامات التجارية التي لا يجوز تسجيلها .

  المبحث الثاني : إجراءات تسجيل العلامة التجارية .

  المبحث الثالث : الترخيص الاتفاقي للعلامة التجارية .

  المبحث الرابع : مدة الحماية للعلامة التجارية .

  المبحث الخامس : إلغاء وشطب العلامة التجارية .

  المبحث السادس : الرسوم المستوفاة عن تسجيل العلامة التجارية.

تعريف العلامة التجارية ومفهومها

المبحث الأول

تعريف العلامة التجارية :

فقها : يعرفها د.محمد حسين إسماعيل بأنها " أداة مميزة تخص تاجرا أو صانعا لتمييز سلعته أو خدمته عما يشابهها ، وقد تكون رمزا ، رسما ، حرفا...الخ تستهدف التدليل على أصل السلعة وضمان مزايا معينة فيها فتقيم بذلك علاقة بين مالك العلامة وعملائه وتمكنه من الاستئثار بثقتهم"[١] .

أما د. سميحة القليوبي فتعرفها بأنها " كل إشارة أو دلالة يضعها التاجر أو الصانع على المنتجات التي يقوم ببيعها أو صنعها لتمييز هذه المنتجات عن غيرها من السلع المماثلة "[٢] .

قانونا: عرفتها اتفاقية الجوانب المتصلة بالتجارة من حقوق الملكية الفكرية (TRIPS) والتي تلتزم الأردن بأحكامها بحكم انضمامها لمنظمة

---

(١) محمد حسين إسماعيل ، **الحماية الدولية للعلامة التجارية (رسالة دكتوراه)** ، كلية الحقوق - جامعة القاهرة ١٩٧٨م ، ص٤٦

(٢) د.سميحة القليوبي ، **الملكية الصناعية** (مرجع سابق) ، ص ٢٤٩

التجارة العالمية بأنها : " أي علامة أو مجموعة علامات تسمح بتمييز السلع والخدمات التي تنتجها منشأة ما عن تلك التي تنتجها المنشآت الأخرى " .

أما المشرع الأردني فقد عرفها في القانون المعدل لقانون العلامات التجارية رقم (٣٤) لسنة ٩٩ بأنها : " أي إشارة ظاهرة يستعملها أو يريد استعمالها أي شخص لتمييز بضائعه أو منتجاته أو خدماته عن بضائع أو منتجات أو خدمات غيره " .

قضاء: عرفتها محكمة العدل العليا في قرارها رقم (٤٩ / ٨٨) المنشور على الصفحة ٩٢٦ من عدد مجلة نقابة المحامين لسنة ١٩٨٩م بأنها العلامة المؤلفة من "حروف أو رسوم أو علامات أو خليط من هذه الأشياء ذي صفة فارقة وعلى شكل يكفل تمييز بضائع صاحبها عن بضائع غيره من الناس".

ويرى المؤلف في ضوء التعريفات السابقة بأنه من الأفضل عدم تعداد أنواع وأشكال محددة للعلامة التجارية عند تعريفها نظرا لما قد يطرأ عليها من ظهور لأنواع وأشكال جديدة تبعا لتطور الحياة الاقتصادية والتشريعات المتعلقة بهذه العلامات وتوسع في فهم هذا الحق. ولذا يمكن تعريف العلامة التجارية بأنها : العلامة أو الإشارة التي يستعملها الصانع لتمييز منتجاته أو البائع لتمييز بضاعته أو مقدم الخدمة لتمييز الخدمات التي يقدمها لتسهل على المستهلك التعرف على السلعة أو الخدمة التي يرغب في الحصول عليها .

المبحث الثاني

التطور التاريخي لمفهوم العلامة التجارية والتشريعات المتعلقة بحمايتها :

يرجع مفهوم العلامة التجارية في نشأته إلى زمن بعيد تطور خلاله هذا المفهوم وتطورت نتيجة لذلك التشريعات التي تحمي العلامة التجارية .

حيث يعزى ظهور العلامة التجارية على المنتجات إلى العصر الروماني إذ كانت هذه العلامة تستخدم في مجال صناعة الفخار لحماية هذه المنتجات من السرقة أو التقليد .(١)

أما في القرون الوسطى فقد أصبحت العلامة التجارية توضع على المنتجات لحماية المستهلكين وضمان جودة تلك المنتجات ، وقد كانت العلامة التجارية في تلك العصور تستخدم لتمييز السلع والبضائع العائدة لطائفة ما ، فكانت كل طائفة لها علامة خاصة بها وكان لكل من الصناع المهرة في تلك الطائفة علامته الخاصة به أيضا .(٢)

وقد كان وضع العلامة التجارية على السلع والمنتجات في العصور الوسطى يعتبر دليلا على أن الطائفة قد قامت بمعاينة هذه السلعة أو تلك المنتجات ، كما أن ذلك كان يعتبر دليلا وإشارة على انه تم دفع الرسوم المفروضة على تلك البضاعة من قبل الطائفة بحيث كانت السلع التي لا

---

(١) عرار نجيب خريس ، **جرائم الاعتداء على العلامة التجارية في القانون الأردني (رسالة ماجستير)** - الجامعة الأردنية ، ب ت ص١١

(٢) د.سميحة القليوبي ، **القانون التجاري ج١** / دار النهضة العربية - القاهرة ١٩٨١ ص٢٦٨

تحمل هذه العلامة يتم مصادرتها وإتلافها ، فكان وضع العلامة التجارية على المنتجات والسلع في تلك العصور **إجباريا** .[١]

وبعد الثورة الفرنسية أصبح وضع العلامة التجارية على المنتجات والسلع غير إجباري بسبب زوال نظام الطوائف ، فأصبحت تهدف لحماية الجمهور والصانع أو التاجر لمنع المنافسة غير المشروعة .[٢]

وظل هذا الوضع قائما إلى أن حدث الازدهار والتطور الكبيرين في الحركة التجارية الداخلية والدولية وظهور علاقات اقتصادية جديدة بين الدول في النصف الأخير من القرن التاسع عشر الميلادي مما أدى لظهور نظم قانونية جديدة تهتم بحقوق الملكية الفكرية وأعطت اهتماما بالغا لتلك الحقوق ، وقد كان أول تلك النظم قانون العلامات التجارية الفرنسي عام ١٨٥٧م والذي أخذت عنه معظم الدول تشريعاتها المتعلقة بالعلامات التجارية.[٣]

أما في الأردن فقد صدر أول قانون للعلامات التجارية سنة ١٩٣٠ سمي (قانون العلامات التجارية) المأخوذ عن القانون الهندي والذي أخذ بدوره عن القانون الإنجليزي[٤]، وبعد ذلك القانون صدر قانون العلامات

---

(١) المحامي صلاح سلمان الأسمر ، **شرح قانون العلامات التجارية الأردني** ، ب ن ، ١٩٩٢ ص١١

(٢) د.أكثم أمين الخولي ، **الموجز في القانون التجاري** - مطبعة المدني / القاهرة ١٩٧٠ ص٣١٨

(٣) د.محمد حسني عباس ، **الملكية الصناعية والمحل التجاري** ، دار النهضة العربية / القاهرة ١٩٧١ صفحة ج .

(٤) المحامي صلاح سلمان الأسمر ، **العلامة التجارية في القانون الأردني والمصري** ، مطبعة التوفيق / عمان ١٩٨٦ ص٢٥

التجارية رقم (٣٣) لسنة ١٩٥٢ وقد عدل هذا القانون بموجب القانون المعدل لقانون العلامات التجارية رقم (٣٤) لسنة ١٩٩٩ والذي لا يزال معمول به حتى الآن .

المبحث الثالث

التقسيمات الفقهية للعلامات التجارية :

يقسمها جانب من الفقه إلى :

علامات تجارية : وهي التي يستخدمها التجار في تمييز البضائع التي يقومون ببيعها بعد شراءها سواء من تاجر الجملة أو من المنتج مباشرة .

وعلامات صناعية : وهي التي يضعها الصانع لتمييز المنتجات التي يصنعها عن مثيلاتها من المنتجات الأخرى .[1]

وحول هذا التقسيم نرى بأن المشرع الأردني عندما عرف العلامة التجارية قال :- " ......لتمييز بضائعه أو منتجاته ...... " بالتالي فلم يفرق بين العلامة التجارية والصناعية فاعتبر العلامة التجارية مميزة لكل من المنتجات والبضائع .

علاوة على أن القانون الأردني قد اعتبر أعمال الصناعة أعمالا تجارية بحكم ماهيتها الذاتية بموجب المادة (١/٦) من قانون التجارة الأردني رقم (١٢) لسنة ٦٦ ، بالتالي لم يفرق بين العلامات التجارية والصناعية .

وقسمها جانب آخر إلى **علامات مانعة** و **علامات احتياطية** ، بحيث يسجل المنتج عدة علامات تجارية يستخدم أحدها ويستفيد من الأخرى

---

(١) د.سميحة القليوبي ، **الملكية الصناعية** (مرجع سابق) ، ص ٢٥٠

احتياطيا بمنع تسجيل علامات مشابهة .[1]

وبالاطلاع على المواد (١٠/٨) و (١/١٤) من قانون العلامات التجارية رقم (٣٣) لسنة ٥٢ نجد أنه أعطى الحق للمسجل برفض تسجيل أي علامة تجارية مشابهة أو مطابقة لعلامة تجارية أخرى مسجلة ، كما أعطى الحق في الاعتراض من قبل أي شخص على تسجيل أي علامة تجارية خلال المدة التي حددها القانون (ثلاثة أشهر من تاريخ نشر إعلان تقديم الطلب لتسجيلها أو أي مدة تعين لهذا الغرض) ، بالإضافة إلى أنه وبالرجوع إلى نص المادة (٢٦) من قانون العلامات التجارية التي نصت على أنه : " أ - يقتصر الحق في استعمال العلامة التجارية المسجلة تسجيلا قانونيا على مالكها وله الحق في منع الغير من استعمال علامات مطابقة أو مشابهة لها لدرجة يحتمل أن تؤدي إلى اللبس دون موافقة مسبقة منه ويفترض احتمال حدوث لبس في حالة استعمال علامة تجارية مطابقة على منتجات مماثلة" نرى بأن المشرع أعطى لصاحب العلامة المسجلة الحق في منع الغير من استعمال علامة مطابقة أو مشابهة لعلامته التجارية . مما يوصلنا بالنتيجة إلى القول بأن قانون العلامات التجارية قد أخذ بهذا التقسيم وإنما ليس بصورته التقليدية ولكن من خلال منع تسجيل أي علامة مشابهة للعلامة التجارية المسجلة دون الحاجة لتسجيل علامة أخرى مشابهة لها.

---

(١) د . محمد حسني عباس ، **الملكية الصناعية والمحل التجاري** (مرجع سابق) ، ص ٢٩٨

المبحث الرابع

أشكال العلامة التجارية :

أوردت المادة السابعة من قانون العلامات التجارية الأردني رقم (٣٣) لسنة ١٩٥٢ تعدادا لبعض صور وأشكال العلامات التجارية ، كما أنه يمكننا تعداد بعض أشكال العلامات التجارية التي أوردها الفقه على سبيل المثال لا الحصر :

١- الأسماء :

بحيث يمكن اتخاذ الاسم الشخصيـ أو اسم العائلة أو المنشأة أو المحل التجاري كعلامة تجارية لتمييز المنتج ، ولكن هنا وبسبب تعدد الاسم الواحد لأكثر من شخص فيجب أن يتخذ الاسم شكلا مميزا كأن يكتب بصورة هندسية أو زخرفية معينة تميزه عن غيره من الأسماء .

كما يجوز اتخاذ اسم الغير كعلامة تجارية بشرط الحصول على موافقة صاحب ذلك الاسم، وقد قضت محكمة العدل العليا في ذلك في قرارها رقم (٦٩/٨) المنشور على الصفحة (١٠٤) من عدد مجلة نقابة المحامين لسنة ١٩٦٩ بأنه " إذا كانت كلمة (ناشد) هي اسم لعائلة سورية فلا يجوز تسجيلها كعلامة تجارية بدون الحصول على موافقة صاحب الاسم".

٢- الحروف والأعداد :

فقد تكون العلامة التجارية على شكل حروف مثل : دخان L.M ، أو أعدادا مثل : شامبو 21 ، أو حروفا وأعدادا معا مثل : G . S 27 . إلا أنه في

حالة كون العلامة التجارية تتكون من أرقام فيجب أن تكون ذات صفة فارقة تؤدي إلى منع تضليل الجمهور.[1]

٣- الرسوم والرموز :

الرسم يعرفه ماهر فوزي حمدان بأنه:"تصميم يتضمن مجموعة مـن المرئيات (تكوين فني)"[2]

وهنا لابد أن يتخذ الرسم صفة إبداعية تؤدي إلى لفت نظر المشتري مثل : صقر بوضعية وألوان معينة .

أما الرمز فهو رسم مرئي واحد ، وهنا لابد أن يكون الرمز مميزا تمييزا واضحا يمنع اللبس لدى المستهلك مثل : نجمة ، هلال ، صليب ...الخ

وهنا يرى مصطفى كمال طه بأن مـن يتخـذ رمـزا كعلامـة تجاريـة فيكون قد تملك تسميته أيضا ،والعكس .

٤- الصور :

ويقصد بها صور الإنسان ، وقد تكون الصـورة لصـاحب المشروع وفي هذه الحالة لا يكون هناك أي جدل أو نقاش أو لبس فيها .

أو أن تكون صورة للغير وهنا لابد أن يتم أخذ الموافقة المسبقة مـن صاحب الصورة حتى يتم تسجيلها كعلامة تجارية .

---

(١) انظر في ذلك د. صلاح زين الدين ، شرح التشريعات الصناعية والتجارية، دار الثقافة للنشر/ عمان ٢٠٠٣، ص١٢٠ .

(٢) ماهر فوزي حمدان ،حماية العلامات التجارية (مرجع سابق) ، ص٢٤

كذلك قد تكون العلامة التجارية على شكل صورة لأحد المشاهير التاريخيين وهنا يرى البعض بأن الحق فيها يكون لمن يستغل هذه الصورة كعلامة تجارية له أولا (الأسبق في اتخاذها كعلامة تجارية) .[١]

٥- الأشكال والألوان :

بأن تتخذ العلامة التجارية شكلا ما أو لونا ما بشرط أن يكون لهذا الشكل أو اللون صفة فارقة تميزه عن ما يماثله من الأشكال أو الألوان. إلا أنه وحتى يمكن اتخاذ الشكل أو اللون كعلامة تجارية يجب ألا يكونا من مقتضيات الصناعة .[٢]

---

(١) عرار نجيب خريس ، جرائم الاعتداء على العلامة التجارية في القانون الأردني (مرجع سابق)

(٢) د. صلاح زين الدين ، التشريعات الصناعية والتجارية، (مرجع سابق)، ص١٢٣ .

أنواع العلامات التجارية

نظم المشرع الأردني في قانون العلامات التجارية رقم (٣٣) لسنة ٥٢ والمعدل بموجب قانون العلامات التجارية المعدل رقم (٣٤) لسنة ١٩٩٩ أحكاما خاصة لبعض أنواع العلامات التجارية وأضاف أنواعا أخرى جديدة لم يكن قد أخذ بها في السابق إلى جانب العلامة التجارية العادية وسنبحث في هذا الفصل أهم هذه العلامات التجارية :-

المبحث الأول

العلامة التجارية المشهورة :

يعد مفهوم (مصطلح) العلامة التجارية المشهورة حديثا على تشريعاتنا الأردنية ، إذ أنه لم يسبق وأن حمى المشرع الأردني هذه العلامة في المملكة إلى حين صدور القانون المعدل لقانون العلامات التجارية رقم (٣٤) لسنة ٩٩ فإنه وإن كان يشير في السابق إلى حمايتها على أساس مبدأ المنافسة غير المشروعة إلا أنه ضمن القانون المذكور نصوصا صريحة وفي أكثر من مادة منه على حماية العلامة التجارية المشهورة كما هو الحال في المواد (٢)،(١٢/٨) (٢/٢٦)، بالتالي فلا بد من التعرف إلى مفهوم العلامة المشهورة وأساس حمايتها وكيفية فرض مثل هذه الحماية .

عرفت المادة الثانية من قانون العلامات التجارية رقم (٣٣) لسنة ١٩٥٢ العلامة التجارية المشهورة بأنها " العلامة التجارية ذات الشهرة العالمية التي تجاوزت شهرتها البلد الأصلي الذي سجلت فيه واكتسبت شهرة في القطاع المعني من الجمهور في المملكة الأردنية الهاشمية ".

يظهر من خلال نص المادة بأنه يشترط وحتى تمتع العلامة التجارية المشهورة بالحماية القانونية أن تكون مسجلة ابتداء في بلدها الأصلي ، وأن تكون معروفة لدى مسجل العلامات التجارية بالإضافة إلى حصولها على الشهرة الكافية لدى المشتري الأردني دون الحاجة إلى تسجيلها في المملكة . ونقف هنا عند شرط حصولها على الشهرة لدى الجمهور فقد اعتبر الدكتور محمد حسين إسماعيل بأن العلامة تكون مشهورة إذا ما اعتبرتها السلطة المختصة في بلد الاعتداء كذلك على أساس أن دوائر الدولة والجهات المختصة فيها هي أكثر علما ودراية بالعلامات التجارية المسجلة خارج البلاد[1] .

وهذا ما استقرت عليه محكمة العدل العليا الأردنية إذ رأت في العديد من قراراتها بأن أساس تحديد فيما إذا كانت العلامة مشهورة أم لا هو مسجل العلامات التجارية (السلطة المختصة) إذ أقرت في تلك القرارات المبدأ التالي : " استقر الاجتهاد على منح الحماية للعلامات التجارية المشهورة بغض النظر عن تسجيلها أو استعمالها في المملكة الأردنية ذلك أن الحماية ليست فقط للعلامة بل أيضا لحماية الجمهور من الخداع والتضليل والغش ، وعليه وحيث أن العلامة DUMBO المطلوب تسجيلها باسم المستأنفة تطابق وتشابه ذات العلامة DUMBO المملوكة إلى شركة والت ديزني

---

(١) أنظر محمد حسين إسماعيل ، **الحماية الدولية للعلامة التجارية** (مرجع سابق) ، ص٢٤٠

كومباني والمسجلة باسمها في كثير من بلدان العالم الأمر الذي من شأنه أن يؤدي إلى أن يكون القرار المطعون فيه والمتضمن رفض طلب تسجيل العلامة DUMBO متفقا وأحكام القانون "[1] .

ويفهم من قرار المخالفة الصادر في هذه القرارات الذي جاء فيه : " وحيث لم يرد في ملف العلامة التجارية الوارد من المستأنف عليه والمبرز في الدعوى ولا في البينات التي أرفقها المستأنف عليه مع لائحته الجوابية ما يشير إلى أن هذه العلامة التجارية مسجلة في المملكة الأردنية الهاشمية **أو أنها مشهورة لدى جمهور المستهلكين في الأردن** بالمعنى المقصود في تعريف العلامة المشهورة الواردة في المادة (٢) من قانون العلامات التجارية السالف بيانه " . بأن أغلبية الهيئة الحاكمة قد اتخذت قرارها بالاعتماد على رأي مسجل العلامات التجارية دون النظر فيما إذا كانت هذه العلامة مشهورة لدى جمهور المستهلكين أم لا - على نحو مخالف لنص المادة الثانية من قانون العلامات التجارية -.

أما اتفاقية (TRIPS) المتعلقة بحقوق الملكية الفكرية فقد أعطت لرأي جمهور المستهلكين ومعرفتهم بالعلامة المراد تسجيلها دورا في تحديد مدى شهرتها إذ قضت في الفقرة الثانية من مادتها السادسة عشر بأن تكون العلامة معروفة لدى كل من الجمهور المعني والسلطات المختصة في بلد الاعتداء فنصت على مايلي : " .... وعند تقرير ما إذا كانت العلامة التجارية معروفة جيدا تراعي البلدان الأعضاء مدى معرفة العلامة التجارية في قطاع الجمهور المعني بما في ذلك معرفتها في البلد العضو المعني نتيجة

---

(١) انظر في ذلك القرارات ذوات الأرقام (٤٣٠،٤٢٩،٤٢٨، ٤٣٢،٤٣١/٢٠٠٠) المنشورة في عدد مجلة نقابة المحامين لسنة ٢٠٠٢ على الصفحة رقم (١٠٦)

ترويج العلامة التجارية " .

ويرى المؤلف بأن ما ذهبت إليه الاتفاقية الدولية أكثر صوابا وحكمة إذ أنها تجعل من تحديد شهرة العلامة التجارية أكثر سهولة وتحقق الغايـة المقصودة من تلك الحمايـة لـذات العلامـة التجاريـة التـي تكـون إمكانيـة معرفة دوائر الدولة لها أكثر من قدرة الجمهور نظرا للإمكانيـات المتـوفرة لها، وقدرتها على التحقق من كون العلامة مسجلة في بلدها الأصلي أم لا . ومن ناحية أخرى فإنها تكفل الحماية لجمهور المستهلكين الـذين تكونـت لديهم المعرفة بالسمعة العالية لعلامة ما .

وأرى بأنه حتى لا تدخل السـلطة بمثـل هـذه الإشكاليات ولتحقيـق قدر أكبر من العدالة فلا بد من أن يكون أمر تحديد مـدى شهرة العلامـة المراد تسجيلها من اختصاص لجنة من الخبراء المختصـين يقومـون بـالتحري والتأكد فيما إذا كانت هذه العلامة مشهورة لدى كل من الدولة والجمهور المعني على حد سواء ومن ثم يقومـون بتقـديم تقريـر لمسجل العلامـات التجارية بقبول تسجيل العلامة التجارية أو رفضها .

وبشـكل عـام فقـد نحـى المشـرع منحـى جيـد في إضفاء الحمايـة القانونية المدنية على هذا النوع مـن العلامـات التجاريـة عـلى الـرغم مـن كونها غير مستعملة في المملكة وغير مسجلة في سجل العلامـات التجاريـة واعتبارها استثناء على القاعدة التي تتطلـب تسجيل العلامـة التجاريـة في المملكة حتى تحوز على الحماية ، حيث أن هذه العلامـة لم تكتسـب تلـك الشهرة العالمية التي تعدت بلاد تسجيلها إلا نتيجة لما بذله صاحبها مـن جهد مادي ومعنوي كبيرين أديا للوصول إلى هذه الشهرة ، فيكون تمتعهـا بهذه الحماية على الرغم من عـدم تسجيلها في المملكة تكريسا وتطبيقـا واضحا للغاية المبتغاة من هذه الحماية وهي تشجيع روح الابتكار والإبداع ونقل وتعميم تلك الإبداعات

حيث كانت هذه الغاية هي الهدف الرئيسي الذي رمت له جميع الاتفاقيات الدولية المتعلقة بالملكية الفكرية لا سيما اتفاقية حقوق الملكية الفكرية المتصلة بالتجارة (TRIPS) والتي تلتزم المملكة بتطبيق أحكامها إذ نصت المادة (٢/١٦) من تلك الاتفاقية على انه : " تطبق أحكام المادة ٦ مكررة من معاهدة باريس ١٩٦٧ ، مع ما يلزم من تبديل ، على الخدمات وعند تقرير ما إذا كانت العلامة التجارية معروفة جدا تراعي البلدان الأعضاء مدى معرفة البلدان العلامة التجارية في قطاع الجمهور المعني بما في ذلك معرفتها في البلد العضو نتيجة ترويج العلامة التجارية " .

وقد نصت المادة ٦ مكررة من اتفاقية باريس على :

"١ - تتعهد دول الاتحاد، سواء من تلقاء نفسها أو بناء على طلب صاحب الشأن ، برفض أو إبطال التسجيل وبمنع استعمال العلامة الصناعية أو التجارية التي تشكل نسخا أو تقليدا أو ترجمة يكون من شأنها إيجاد لبس بعلامة ترى السلطة المختصة في الدولة التي تم فيها التسجيل أو الاستعمال أنها مشهورة باعتبارها فعلا العلامة الخاصة بشخص يتمتع بمزايا هذه الاتفاقية ومستعملة على منتجات مماثلة أو مشابهة . كذلك تسري هذه الأحكام إذا كان الجزء الجوهري من العلامة يشكل نسخا لتلك العلامة المشهورة أو تقليدا لها من شأنه إيجاد لبس بها .

٢ - يجب منح مهلة لا تقل عن خمس سنوات من تاريخ التسجيل للمطالبة بشطب مثل هذه العلامة . ويجوز لدول الاتحاد أن تحدد مهلة يجب المطالبة بمنع استعمال هذه العلامة خلالها .

٣ - لا يجوز تحديد أية مهلة للمطالبة بشطب أو منع استعمال العلامات التي سجلت أو استعملت بسوء نية ".

ولعل من أهم التطبيقات التي يمكن أن نوردها في صدد الحديث عن حماية العلامة المشهورة رغم كونها غير مسجلة في الدولة التي تم الاعتداء فيها على تلك العلامة ، وذلك من قبيل الإفادة من التجربة الدولية في هذا المجال الحالة التالية :

فبعد أن قامت شركة (Philip Morris) للسجائر بشراء العلامة التجارية "KENT" من إحدى الشركات التجارية في استراليا عام ١٩٧٧م وأدى ذلك بالتالي إلى انتقال الحق في منح هذه العلامة إلى المالك الجديد "Philip Morris" والذي عمل جاهدا على إكساب هذه العلامة نجاحا وشهرة عالمية كبيرتين ، وبعد ذلك عزمت الشركة الأسترالية المالكة الأولى للعلامة على إنتاج سيجارة منخفضة القطران وأرادت أن تطلق عليها اسم "KENT Golden Lights" وعلى الرغم من أن ترخيص العلامة التجارية "KENT" كان قد انتهى آنذاك من استراليا ولم يتم تجديده إلا أنه تم رفض تسجيل هذه العلامة التجارية وذلك حماية للعلامة التجارية **المشهورة عالميا** "KENT"[1] .

وقد أكد المشرع الأردني على منح الحماية المدنية للعلامة التجارية المشهورة حينما منع تسجيل أي علامة تجارية تطابق أو تشابه أو تشكل ترجمة لعلامة تجارية مشهورة من أجل استعمالها لتمييز بضائع مشابهة أو مماثلة للبضائع التي اشتهرت بها على نحو من شأنه إيجاد لبس مع العلامة المشهورة أو لاستعمالها لغير تلك البضائع بشكل يحتمل أن يلحق ضررا

(1) W. R Cornish , **Cases and Materials on Intellectual Property** , Sweet & Maxwell , London 1999 Page: 406

بمصلحة مالك العلامة التجارية المشهورة .[1] بالتالي وحتى يستطيع مالك العلامة المشهورة منع الغير من استعمالها أو تقليدها على الرغم من كونها غير مسجلة في المملكة يشترط أن تستعمل العلامة التي تم الاعتداء من خلالها في بضائع ومنتجات مماثلة لتلك التي تستعمل لها العلامة المشهورة مما يؤدي لإثارة اللبس بينها ، وأن يلحق ذلك الاستعمال ضررا في مصلحة مالك العلامة المشهورة .

إلا أنه يؤخذ على مشرعنا عدم منح العلامة المشهورة حماية جزائية - كما هو الحال في العلامات المسجلة - واقتصاره على توفير الحماية المدنية لها ، إذ أن إيقاع العقوبة الجزائية و/أو فرض الغرامة التي تتناسب مع هذا الاعتداء سيكون أكثر جدوى وردعا من اقتصار هذه الحماية على المصادرة والتعويض .

المبحث الثاني

العلامة التجارية الجماعية :

هذه العلامة أيضا حديثة على تشريعاتنا ولكن ليست كمصطلح وإنما كنوع من أنواع العلامات التجارية الخاضعة لحماية القانون، بالتالي كان لا بد من الإشارة لها . إذ تعتبر المادة السابعة مكررة من اتفاقية باريس هي مرجع المشرع الأردني في منحها الحماية القانونية والتي تنص على أنه :

"١ - تتعهد دول الاتحاد بقبول إيداع وحماية العلامات الجماعية الخاصة بالجمعيات التي لا يتعارض وجودها مع قانون دولة المنشأ حتى وإن كانت تلك الجمعيات لا تمتلك منشأة صناعية أو تجارية .

---

(١) انظر المادة (١٢/٨) من قانون العلامات التجارية رقم (٣٣) لسنة ١٩٥٢ .

٢ - تقرر كل دولة الشروط الخاصة التي يجب توافرها لحماية العلامات الجماعية ، ويجوز لها أن ترفض الحماية إذا كانت العلامة تتعارض مع المصلحة العامة .

٣ - ومع ذلك لا يجوز رفض حماية تلك العلامات بالنسبة لأية جمعية لا يتعارض وجودها مع قانون بلد المنشأ استنادا إلى أن تلك الجمعية ليس لها مقر في الدولة التي تطلب فيها الحماية أو أنها لم تؤسس وفقا لتشريع هذه الدولة" .

وقد عرفها قانون العلامات التجارية الأردني في مادته الثانية : " العلامة التي يستعملها شخص اعتباري لتصديق مصدر بضائع ليست من صنعه أو المواد المصنوعة منها أو جودتها أو طريقة إنتاجها أو الدقة المتبعة في صنعها أو غير ذلك من ميزات وخصائص تلك البضائع " .

وبناء على ما ورد يمكن إيراد التعريف التالي للعلامة التجارية الجماعية :- هي علامة تجارية تستخدمها منشأة تجارية أو صناعية ما ، ليس لتمييز بضاعة من صنعها وإنما لتميز بها خاصية معينة من خصائص تلك البضاعة أو السلعة أو طريقة إنتاجها أو مصدرها أو خطوة أو مادة أولية دقيقة دخلت في إنتاجها .

مما يدل على أن الهدف من هذه العلامة هو إظهار أن البضائع التي وضعت عليها تلك العلامة قد تم فحصها وتصديقها من قبل جهة مختصة بذلك . وعليه فإن دور العلامة الجماعية هو دور رقابي كونها تدل على مواصفات وبيانات البضائع والمنتجات والسلع ، سواء من حيث النوعية أو

الجودة أو المصدر أو من حيث طريقة الصنع[1] .

ويتضح من خلال مفهوم هذا النوع من أنواع العلامات التجارية بأن تسجيل العلامة التجارية الجماعية يجب أن يكون لمصلحة شخص اعتباري، وتكون الغاية والهدف من التسجيل لهذه العلامة ليست لتمييز البضاعة بذاتها وإنما لتصديق وتمييز أمور مرتبطة بصناعة وإنتاج وخصائص هذه البضاعة .

ومن الجدير بالذكر أن المشرع الأردني جعل ملكية وتسجيل العلامة التجارية الجماعية حكرا على الشخص الاعتباري الذي سجلت باسمه أو باسم خلفه القانوني فحظر نقل ملكيتها أو إعادة تسجيلها بعد شطبها أو الترخيص للغير باستعمالها[2] . ولعل المشرع قصد جعل هذه العلامة حكرا على الشخص الاعتباري على عكس العلامة التجارية العادية بسبب ارتباط هذه العلامة الجماعية بالشخص الاعتباري (المنشأة) الذي سجلت باسمه وبالتالي فإنه إذا ما تم نقل ملكية هذه العلامة وكانت تلك المنشأة لا تزال قائمة فإن ذلك سيؤدي لحدوث إشكاليات عديدة لا سيما ما يتعلق منها بإثارة اللبس لدى الجمهور الذي اعتاد على ارتباط علامة جماعية ما بالمنشأة التي سجلت باسمها لأول مرة نظرا لطبيعتها الخاصة التي أوردناها سابقا.

وقد عامل المشرع الأردني العلامة التي تمتلكها هيئة ذات نفع عام أو مؤسسة مهنية لاستعمالها كشعار تميز به مراسلاتها أو كشارة لأعضائها معاملة العلامة الجماعية ولكن شريطة ألا تستخدم تلك الهيئة أو المؤسسة مثل هذه العلامات لغايات تجارية مثل العلامة : WECARE .

---

(١) انظر في ذلك د. صلاح زين الدين ،**شرح التشريعات الصناعية والتجارية**، (مرجع سابق)، ص ١٣٠.

(٢) **م(٢/١٠)** قانون العلامات التجارية رقم (٣٣) لسنة ٥٢ .

المبحث الثالث

علامة الخدمة :

لعل مشرعنا الأردني لم يمنح لهذا النوع من أنواع العلامات التجارية اهتماما يرقى إلى مدى أهمية هذا النوع وانتشاره في الوسط الاقتصادي من خلال قطاع الخدمات الذي يعد من أهم وأكبر القطاعات الاقتصادية في المملكة كالفنادق والبنوك والمستشفيات والمدارس والجامعات والتأمين ...الخ.

إذ أنه وعلى العكس من سابقتيها (العلامة المشهورة والعلامة الجماعية) لم يفرد لها قانون العلامات التجارية تعريفا خاصا بها أو موادا قانونية تنظم أحكامها وانما اكتفى بإيرادها ضمن التعريف العام للعلامة التجارية في المادة الثانية من قانون العلامات التجارية رقم (٣٣) لسنة ٥٢ والتي ورد فيها :" أي إشارة ظاهرة يستعملها او يريد استعمالها أي شخص لتمييز بضائعه او منتجاته **او خدماته** عن بضائع او منتجات **او خدمات** غيره". بالإضافة إلى أن ذات القانون أحال كل ما يتعلق بعلامة الخدمة من شروط أو أحكام إلى الشروط والأحكام المتعلقة بالعلامة التجارية العادية[١] ولم يفرد لها المشرع أية أحكام أو شروط خاصة تنظمها .

بالتالي فيمكن تعريف علامة الخدمة بأنها : العلامة التي تستخدم لتمييز الخدمات التي يقدمه شخص أو جهة ما عن الخدمات التي يقدمها شخص أو جهة أخرى .

---

(١) **م(٤٣)** قانون العلامات التجارية رقم (٣٣) لسنة ٥٢ .

تسجيل العلامة التجارية

المبحث الأول

العلامات التجارية التي لا يجوز تسجيلها

ابتداء وقبل البحث في كيفية تسجيل العلامات التجارية لا بد من تعريف القارئ الكريم على العلامات التجارية التي منع المشرع الأردني من تسجيلها لتكون بالتالي مستثناة من الحديث عن تسجيل العلامة التجارية .

منع المشرع الأردني من تسجيل بعض العلامات التجارية لأسباب قد تكون سيادية وسياسية أو لأسباب دينية وأخلاقية ، أو لغايات حماية أصحاب العلامات التجارية المسجلة ، ومنع تسجيل البعض الآخر لاحتوائها على رموز أو شعارات أو رسومات عامة أو دولية لا يمكن لشخص أو هيئة ما الاستئثار بها ، وقد أوردت المادة الثامنة من قانون العلامات التجارية رقم (٣٣) لسنة ٥٢ هذه العلامات حصرا ، ولقد وجدت تسهيلا على القاريء الكريم أن أوردها وفق التقسيم التالي:

أولا : العلامات التي لا يجوز تسجيلها لأسباب سيادية أو سياسية

١- العلامات التي تشابه شعار جلالة الملك أو الشارات الملكية أو لفظة ملوكي أو أية ألفاظ أو حروف أو رسوم أخرى قد تدفع للاعتقاد بأن طالب تسجيل هذه العلامة يتمتع برعاية ملكية .

٢- شعار أو أوسمة حكومة المملكة الأردنية الهاشمية أو الدول أو البلاد الأجنبية إلا إذا كان طالب التسجيل قد حصل على تفويض بـذلك مـن السلطات المختصة .

٣- العلامات التي تدل على صفة رسمية إلا إذا فرضت وضعها المراجع الإيجابية التي تخصها تلك العلامة أو التي هي تحت مراقبتها .

٤- العلامات التي تشابه الراية الوطنية أو أعلام المملكة العسكرية أو البحرية أو الأوسمة الفخرية أو شارتها أو الأعلام الوطنية العسكرية أو البحرية .

ثانيا : العلامات التي لا يجوز تسجيلها لأسباب دينية أو أخلاقية

١- العلامات التي تطابق أي شعار ذي صفة دينية بحتة أو تشابهه أو التي تسيء إلى قيمنا التاريخية والعربية والإسلامية .

٢- العلامات المخلة بالنظام العام أو الآداب العامة أو التي تـؤدي إلى غـش جمهور المستهلكين .

ثالثا : العلامات التي لا يجوز تسجيلها لحماية العلامات المسجلة وأصحابها

١- العلامات التي تشجع المنافسة التجارية غير المشروعة أو التي تدل علـى غير مصدرها الحقيقي .

٢- العلامات التي تحمل صورة شخص أو اسمه أو اسم محلـه التجاري أو اسم شركة أو هيئة ما لم يكن طالب التسجيل قـد حصـل علـى موافقـة مسبقة من ذلك الشخص أو تلك الهيئة أو الشركة . فإن كان ذلـك الشخص الذي سيتم استعمال صورته أو اسمه أو اسم محلـه التجاري قد

توفي فللمسجل أن يطلب الحصول على موافقة ممثله الشرعي .

٣- العلامة التي تطابق علامة تخص شخصا آخر سبق تسجيلها لنفس البضائع التي يراد تسجيل العلامة من أجلها أو لصنف منها ، أو العلامة التي تشابه تلك العلامة إلى درجة قد تؤدي إلى غش الغير - وسيتم بيان معايير تحديد مدى تشابه العلامات التجارية عند البحث في تسجيل العلامة التجارية - .

٤- العلامة التجارية التي تطابق أو تشابه أو تشكل ترجمة لعلامة تجارية مشهورة لاستعمالها لتمييز بضائع مشابهة أو مماثلة للبضائع التي اشتهرت بها مما يؤدي إلى وقوع لبس مع العلامة المشهورة .

كما يسري المنع على تلك العلامات إذا استعملت لغير البضائع التي اشتهرت بها العلامة المشهورة بشكل قد يؤدي إلى إلحاق الضرر بمصلحة مالك العلامة التجارية المشهورة ويوحي بصلة بينه وبين هذه البضائع .

رابعا : العلامات التي لا يجوز تسجيلها لاحتوائها على رموز أو رسومات أو شعارات عامة أو دولية

١- العلامات المؤلفة من أرقام أو حروف أو ألفاظ تستعمل في العادة لتمييز أنواع وأصناف البضائع ، أو العلامات التي تصف نوع البضائع أو جنسها، ويشمل المنع أيضا العلامات التي تحمل كلمات تدل عادة على معنى جغرافي أو ألقاب إلا إذا كان لهذه العلامات شكلا خاصا مميزا لها يميزها عن غيرها من العلامات التجارية .

٢- العلامات التي تشمل بعض الألفاظ أو العبارات مثل : امتياز ، ذو امتياز ، ذو امتياز ملكي ، مسجل ، رسم مسجل ، حقوق الطبع ، التقليد يعتبر تزويرا ... وما شابهها من ألفاظ وعبارات .

٣- العلامات التي تطابق أو تشابه شارة الهلال الأحمر أو الصليب الأحمر على أرض بيضاء أو شارات الصليب الأحمر أو صليب جنيف .

٤- العلامات التي تشابه أو تطابق الشارات الشرفية والأعلام والشعارات الأخرى والأسماء أو الأسماء المختصرة الخاصة بالمنظمات الدولية أو الإقليمية .

المبحث الثاني

إجراءات تسجيل العلامة التجارية والوثائق المطلوبة :

يتم تسجيل العلامات التجارية لدى مسجل العلامات التجارية في وزارة الصناعة والتجارة في " سجل العلامات التجارية " والذي يتضمن جميع العلامات التجارية المسجلة وأسماء مالكيها وعناوينهم وما يطرأ على هذه العلامات من تحويل أو تنازل أو نقل ملكية أو ترخيص من مالكها للغير باستعمالها ، إضافة إلى ما يقع على هذه العلامات من رهن أو حجز أو أي قيد يقع على استعمالها ، ونجد عمليا بأن قسم العلامات التجارية في وزارة الصناعة والتجارة ينظم هذا السجل من خلال أجهزة الحاسوب مما يجعل من عمل مسجل العلامات التجارية في تحديد أي تشابه أو اعتداء أو أي إجراء أو تغيير حصل على أي علامة تجارية أمرا سهلا وعلى نحو يخدم الحماية التي يريدها المشرع والمجتمع للعلامات التجارية .

وقد سمح القانون لأي شخص بالاطلاع على سجل العلامات التجارية . وفي معرض الحديث عن ذلك نجد بأن المشرع الأردني قد منح الجمهور مثل هذه الصلاحية بموجب مادتين وهما المادة (٢/٣) والمادة (٥) من قانون العلامات التجارية إلا أنه وفي النص الأول ترك تحديد آلية الاطلاع على هذه

السجلات تتم بموجب **تعليمات** يصدرها وزير الصناعة والتجارة فقال: " يحق للجمهور الاطلاع على سجل العلامات التجارية وفقا للتعليمات التي يصدرها الوزير " .

ثم عاد في النص التالي فقال : " يباح للجمهور الاطلاع على السجل المحفوظ بمقتضى هذا القانون في جميع الأوقات الملائمة مع مراعاة **الأنظمة** التي قد تصدر بهذا الشأن " فجعل هذه الآلية تحدد بموجب الأنظمة ، فلا نعلم ما الذي دفع بالمشرع لإضافة هذه المادة التي جاءت من قبيل التزيد فكما نعلم أن مسألة الاطلاع على سجل العلامات التجارية هو من الإجراءات الداخلية التي يتم تنظيمها وتحديد آليتها بموجب تعليمات تصدر عن وزير الصناعة والتجارة دون الحاجة لترك تنظيم مثل هذا الأمر للأنظمة؟!؟ .

يقدم طلب تسجيل العلامة التجارية على النموذج المخصص بحيث يوقع من مقدم الطلب أو وكيله . وإذا كان الطلب مقدما من قبل شركة عادية فيجوز أن يوقعه باسم الشركة أو بالنيابة عنها أي عضو أو أكثر من أعضاء تلك الشركة . أما إذا كان مقدما من هيئة معنوية فيجوز أن يوقعه أحد مديري إدارة تلك الهيئة أو سكرتيرها أو أحد الموظفين الرئيسيين فيها .

أي طلب أو إشعار أو بيانات أو وثائق أخرى تودع لدى المسجل أو ترسل إليه يجب أن تكتب على ورق أبيض متين بحجم ١٣إنش × ٨ إنشات على وجه التقريب ، ويترك على الجانب الأيسر من كل صفحة منه هامش لا يقل عرضه عن إنش واحد .

تعنون الطلبات وترسل إلى مسجل العلامات التجارية إما باليد أو عن طريق البريد . وفي حالة إرسالها بالبريد تعتبر أنها سلمت للمسجل في الوقت

الذي يسلم فيه المكتوب المتضمن الوثيقة أو الطلب في البريد العادي ، وهنا يجب على مقدم الطلب تحري الدقة التامة عند وضع عنوانه وأن يورده كاملا قدر الإمكان . وإذا كان مقدم طلب التسجيل أو الاعتراض أو وكيله مقيما خارج المملكة أو لا يتعاطى عملا فيها فيقدم عنوانا للتبليغ داخل المملكة الأردنية الهاشمية إن طلب منه ذلك ، وفي هذه الحالة يعتبر هذا العنوان بمثابة العنوان الحقيقي للطالب أو المعترض أو الوكيل في كل ما يتعلق بهذا الطلب[1] .

وقد نص القانون على أن المسجل لا يجبر على الاعتراف بوكيل سبق وأن تمت إدانته من قبل محكمة جزائية أو شطب اسمه من سجل المحامين ، علاوة على أن المسجل يستطيع شطب اسمه من سجل وكلاء تسجيل العلامات التجارية [2].

- يجب أن يشتمل طلب تسجيل العلامة التجارية على[3] :

١- صورة للعلامة التجارية ملصقة على المربع المعد لذلك في النموذج المقرر . وهنا إذا زاد حجم الصورة على حجم المربع المذكور تلصق الصورة على قطعة قماش أو كتان أو أي مادة يراها المسجل مناسبة وعندها يلصق جزء من القطعة المشتملة على الصورة في المربع المشار إليه ويطوى الباقي.

٢- أربع صور إضافية للعلامة يتم إلصاقها على نموذج إعلان النشر المخصص والذي يتم تعبأة بياناته باللغتين العربية والانجليزية طباعة ،

---

(١) انظر المواد (٦-٩) نظام العلامات التجارية رقم (١) لسنة ٥٢ وتعديلاته .

(٢) م(٤/١٠) نظام العلامات التجارية رقم (١) لسنة ٥٢ .

(٣) المواد (١٥-١٦) نظام العلامات التجارية رقم (١) لسنة ٥٢ .

وينبغي في هذه الصور أن تكون مطابقة تماما للصورة الملصقة على الطلب وأن تدرج عليها جميع التفاصيل المطلوبة .

٣- ويجوز للطالب أن يقدم بدلا من الصور المطلوب تقديمها على النحو الوارد أعلاه - إذا دعت الحاجة - صفائح متينة من القطع الكامل ملصقا عليها الصورة والتفاصيل المطلوبة .

وإذا تعذر إرسال الصور على النحو الوارد أعلاه فيمكن إرسال نموذج أو نسخ من تلك العلامة بحجمها الكامل أو المصغر حسب ما يراه المسجل .

يقوم مسجل العلامات التجارية عند استلامه لطلب تسجيل العلامة التجارية بالتحري بين العلامات التجارية المسجلة وطلبات التسجيل غير المفصول فيها للتأكد من عدم وجود علامة سابقة مشابهة أو مطابقة أو تثير اللبس مع العلامة المراد تسجيلها .

وهنا لا بد من التعرف إلى أهم القواعد والمعايير التي وضعها كل من الفقه والقضاء لتقدير مدى التطابق والتشابه بين العلامات التجارية .

فبالنسبة للتطابق بين علامتين تجاريتين نرى بأنه لا توجد حاجة لوضع قواعد أو معايير لتحديد ذلك التطابق كونها مسألة يمكن تحديدها بمجرد كون العلامتان لا يوجد بينهما أي اختلاف يذكر ، فعندها بلا شك تكونان متطابقتان .

أما إن وجد بينهما أدنى اختلاف مهما كان بسيطا فعندئذ تصبح العلامتين غير متطابقتين وبالتالي لا بد من التعرف إلى كيفية تحديد ما هو الاختلاف الذي من شأنه إقامة التشابه بين علامتين تجاريتين مما يمنع بالتالي من تسجيل العلامة المشابهة لعلامة مسجلة مسبقا، وما هو الاختلاف

الذي ينفي مثل ذلك التشابه فتسجل عندئذ العلامة الجديدة .

وكون المشرع الأردني لم يبحث في هذه المعايير واكتفى في المادة (٧) من قانون العلامات التجارية بالقول بأن العلامة الفارقة هي التي تكون موضوعة بشكل يؤدي إلى تمييز بضائع صاحبها عن بضائع غيره من الناس ، نورد أهم المعايير والقواعد الفقهية والقضائية على النحو التالي :-

• المعايير الفقهية :-

١- (معيار التقدير التحليلي) : ويرى فيه الفقيه (Fernaned - Jacq) أنه عندما تحتوي العلامتان المتقابلتان أو إحداهما جزءا نوعيا أو عاديا وجزءا آخر مبتكر فيتعين استبعاد المقاطع اللفظية ذات الصفة النوعية أو العادية من المقارنة ، مؤكدا رأيه هذا بأنه لا ينبغي إعطاء مالك العلامة حقا على العنصر النوعي أو العادي في علامته وألا يسمح له بإعاقة منافسيه من استعمال ذلك الجزء الخاص بالجميع[١] .

٢- أما العميد - روبير - فيتخذ موقفا مغايرا تماما للنظرية السابقة ويرى بأنه يجب أن تتم المقارنة بين العلامات في مجموع كل منها كما كانت ماثلة تحت أنظار الجمهور[٢].

وأميل إلى تأييد الرأي الأخير كونه يعتمد على إجراء المقارنة بين العلامات المتقابلة بالنظر إلى العلامة ككل واحد وليس إلى جزئياتها كون

(١) انظر رأي (Fernaned- Jack) المذكور في مؤلف **الحماية الدولية للعلامة التجارية** (مرجع سابق) ، ص ٢٨٥

(٢) انظر رأي (العميد روبير) المذكور في مؤلف **الحماية الدولية للعلامة التجارية** (مرجع سابق) ، ص ٢٨٥

المشترون ينظرون إلى العلامة التجارية بصفة إجمالية دون النظر إلى جزئياتها .

• المعايير القضائية :-

يجد القارىء الكريم ومن خلال استعراض العديد من القرارات الصادرة عن محكمة العدل العليا الأردنية بصفتها صاحبة الاختصاص في النظر بالدعاوى المتعلقة بالعلامات التجارية بأنها قد ركزت في اجتهاداتها بخصوص التشابه بين العلامات التجارية على أن معايير تحقق التشابه بين علامتين تجاريتين تقوم على : الفكرة الأساسية التي تنطوي عليها العلامة التجارية من ناحية ، وعلى مظهرها الرئيسي- من ناحية أخرى من خلال مدى إمكانية التمييز بين العلامات التجارية نطقا وكتابة في نفس الوقت ، إضافة إلى نوع البضاعة وصنف تلك البضاعة التي ستحمل هذه العلامة التجارية . كما يتضح بأن محكمة العدل العليا أكدت على وجوب أن يتم الفصل في مسألة وجود التشابه بين علامتين تجاريتين بالنظر إلى مجموع العلامة التجارية برمتها لا إلى جزء منها .

ومن الأمثلة التي يمكن ضربها في هذا المجال :-

• قضت محكمة العدل العليا في قرارها رقم (**٩٧/١٤٨**) المنشور على الصفحة (٤١٣) من مجلة نقابة المحامين لسنة ٩٨ بعدم وجود التشابه بين العلامتين (**half time**) و (**good time**) على اعتبار أن الشكل العام لكل منها يختلف اختلافا كليا عن الأخرى ومجرد احتواء كل من العلامتين على كلمة (**time**) لا يجعلهما متشابهتين .

• كما قضت في قرارها (**٩٦/٨٣**) المنشور في الصفحة (٦٣٤) من عدد

مجلة النقابة لسنة ٩٧ بعدم وجود التشابه بين العلامة التجارية (التمساح) مع رسمة التمساح والعلامة التجارية (La coste) مع رسمة التمساح بانية قرارها على انه لا يوجد أي تشابه بينهما لا لفظا ولا كتابة . علاوة على كون أصناف البضائع التي تحمل كل من العلامتين مختلفة .

• اعتبرت المحكمة في اجتهادها الصادر في القرار (٩٦/١٢) المنشور على الصفحة (٦٤٣) من عدد المجلة لسنة ٩٧ بأن هناك تشابها بين العلامة التجارية المراد تسجيلها والتي تتضمن صورة غزال كبير الحجم مضافا إليها صورة شخص بدوي في بيت شعر والعلامة التجارية المسجلة باسم الشركة التجارية الفلسطينية المحتوية على صورة غزال على اعتبار أن صورة الغزال هي الجزء الرئيسي ـ والجوهري في كلتا العلامتين مما يؤدي إلى وجود التشابه بينهما دون النظر إلى باقي التفاصيل الجزئية الأخرى كون المستهلك ينظر إلى العلامة التجارية ككل ولا يفحصها فحصا دقيقا .

• عدم وجود التشابه الكامل بين العلامتين (SEBA) و (SEBAMED) كون التشابه بينهما ينحصر ـ في مقطع واحد فقط . إضافة إلى كون صنف البضاعة التي تحمل العلامة الأولى هي مواد تجميل وعطور ومزيل للشعر وشامبو ، بينما العلامة الثانية تميز مستحضرات صيدلية وبيطرية وصحية ومواد تعقيم . هذا ما جاء في قرار محكمة العدل العليا الأردنية رقم (٩٧/١٨٢) المنشور على الصفحة(٨٦٥) لعدد مجلة نقابة المحامين لسنة ٩٨.

بعد إجراء هذا التحري يتخذ المسجل قراره حول تسجيل العلامة التجارية من عدمه حسب مقتضى الحال وفق ما يلي :

١- أن يقبل المسجل تلك العلامة التجارية وفق شروط وتعديلات أو قيود معينة يبلغها كتابة للطالب أو وكيله .

٢- إذا وجدت اعتراضات أو علامات سابقة مشابهة أو مطابقة أو تثير اللبس مع العلامة المراد تسجيلها فيخطر الطالب كتابة بذلك ، وللطالب هنا الرد على هذه الاعتراضات خلال شهر واحد من تسلمه لذلك الكتاب[1] .

إذ أن القانون أعطى الحق لأي شخص في الاعتراض كتابة لدى المسجل على تسجيل أية علامة تجارية خلال **ثلاثة أشهر** من تاريخ نشر إعلان تقديم الطلب لتسجيلها[2]، بالتالي لا يشترط في الاعتراض على طلب تسجيل العلامة التجارية توافر مصلحة مباشرة ، ويمكن أن نعزي ذلك إلى أن الغاية من هذا الاعتراض هي منع الغش وهذه الغاية هي غاية ومصلحة وطنية . إلا انه وعلى الرغم من عدم تطلب أن يكون المعترض ذي مصلحة في رفع الدعوى فقد قضت محكمة العدل العليا الأردنية في قرارها رقم (**٦٥/١٣٨**) المنشور على الصفحة (٥٣٠) من عدد مجلة النقابة لسنة ٦٦ بوجوب أن يكون ذلك المعترض **متمتعا بالأهلية** إذ ورد فيه : " الشخص الذي يجوز له الاعتراض لدى مسجل العلامات التجارية على تسجيل علامة تجارية هو الشخص ذو الأهلية " .

ويكون القرار الصادر عن المسجل حول هذا الاعتراض قابلا للاستئناف لدى **محكمة العدل العليا** خلال **عشرين يوما** من تاريخ صدور قرار المسجل .

٣- إذا أدى تقصير طالب التسجيل إلى عدم تسجيل علامته التجارية خلال **اثني عشر شهرا** من تاريخ تقديم الطلب فللمسجل أن يعلمه خطيا بعدم

---

(١) م(٢٤) **نظام العلامات التجارية** رقم (١) لسنة ٥٢ .

(٢) م (١/١٤) **قانون العلامات التجارية** رقم (٣٣) لسنة ٥٢ .

تسجيلها ويمنحه مهلة لمراجعته خلالها وإلا اعتبر متنازلا عن طلبه في تسجيل تلك العلامة .

٤- أن يرفض المسجل تسجيل العلامة التجارية ، وعندها يستطيع الطالب أن يستأنف قرار المسجل إلى **محكمة العدل العليا** .

٥- أما إذا لم يجد مسجل العلامات التجارية علامة من هذا النوع أو أي اعتراض على تسجيل تلك العلامة فعندئذ يقبل تسجيلها دون قيد أو شرط .

وفي هذه الحالة يقوم المسجل بإصدار شهادة بتسجيلها لمصلحة طالب التسجيل تجعله قادرا على استعمال علامته التجارية أو نقل ملكيتها أو التنازل عنها أو رهنها أو حجزها **بمعزل** عن المحل التجاري الذي ستستعمل العلامة لتمييز بضائعه أو منتجاته ، وقد أدى فصل المشرع ما بين ملكية العلامة التجارية والمحل التجاري إلى إمكانية رهن تلك العلامة التجارية أو إيقاع الحجز عليها كون تلك العلامة التجارية تشكل في حد ذاتها قيمة مادية معينة فيمكن التنفيذ عليها فعلى سبيل المثال قد وصلت قيمة العلامة التجارية (Coca - Cola) لوحدها دون ما يرتبط بهذه العلامة من مصانع ومنشآت في أكثر دول العالم ما يقارب الـ ٨٠ مليار دولار .

المبحث الثالث

الترخيص الاتفاقي باستعمال العلامة التجارية :

حتى تتحقق الغاية التي ابتغاها المشرع من إسباغ حمايته القانونية مدنية كانت أم جزائية على العلامة التجارية فلا بد من استعمال واستغلال

هذه العلامة التجارية من قبل مالكها أو حتى من قبل أي جهة أو شخص يرخص له مالكها باستعمالها أو استغلالها ، وقد أرست المادة السادسة والعشرون من قانون العلامات التجارية أسس وشروط منح مثل هذا الترخيص الاتفاقي فأوجبت ابتداء أن يكون عقد الترخيص خطيا وموثقا لدى مسجل العلامات التجارية بحيث يشتمل على ذكر البضائع التي يسمح للمرخص له باستعمال هذه العلامة التجارية عليها .

وقد اشترط المشرع بأن لا تزيد مدة الترخيص الاختياري هذا عن المدة المقررة لحماية العلامة التجارية المرخص باستعمالها ، وأجد هنا بأن المشرع كان موفقا بهذا الشرط وذلك تحسبا لمنع اثارة أي إشكالات قد تنشأ فيما لو انتهت مدة حماية العلامة التجارية ولم يقم مالكها بتجديد حمايتها وتم شطب هذه العلامة .

عقد الترخيص الاتفاقي إما أن يكون استئثاريا بحيث يحق للمرخص له استعمال العلامة التجارية ضمن منطقة جغرافية معينة ولمدة زمنية محددة وفي هذه الحالة يفقد المرخص حقه باستعمال العلامة داخل هذه المنطقة الجغرافية .أو أن يكون عقد ترخيص غير استئثاري يكون بموجبه للمرخص الحق في استعمال العلامة التجارية و/أو منح تراخيص اتفاقية أخرى داخل منطقة المرخص له الجغرافية .

المبحث الرابع

مدة الحماية للعلامة التجارية :

اتفقت نصوص القانون الأردني في هذا الشأن مع المعايير والاتفاقيات الدولية المتعلقة بحماية حقوق الملكية الفكرية إذ حدد قانون العلامات

التجارية مدة ملكية حقوق العلامة التجارية **بعشرة سنوات من تاريخ تسجيلها ويجوز تجديد تسجيلها لمدة مماثلة** .

بحيث يتم تجديد تسجيل العلامة التجارية بناء على طلب يقدم إلى مسجل العلامات التجارية من قبل مالكها .

المبحث الخامس

إلغاء وترقين العلامة التجارية :-

يعطي القانون الحق لأي شخص **ذو مصلحة** أن يطلب من مسجل العلامات التجارية إلغاء تسجيل أي علامة تجارية مسجلة لغيره إذا لم يستعملها الأخير **فعليا** وبصورة مستمرة خلال **الثلاث سنوات السابقة لطلب إلغاء التسجيل** ، إلا إذا أثبت مالك العلامة التجارية أن هناك ظروفا تجارية خاصة أو أسبابا مسوغة حالت دون ذلك الاستعمال لعلامته التجارية . وهنا يعتبر استعمال الغير لعلامة تجارية مسجلة بموافقة مالكها استعمالا لها لمقاصد استمرار تسجيلها .

على أنه يجب أن يقدم طلب ترقين العلامة التجارية خلال **خمس سنوات** من تاريخ التسجيل الفعلي لتلك العلامة[1] وليس من تاريخ تقديم طلب التسجيل نظرا لأن مدة التقادم تبدأ من تاريخ نشوء الحق في إقامة الدعوى ، ولا ينشأ هذا الحق لذي المصلحة إلا بعد التسجيل الفعلي للعلامة التجارية . وهذا ما استقر عليه اجتهاد محكمة العدل العليا في قرارها رقم

---

(١) انظر م (٥/٢٥) **قانون العلامات التجارية** رقم (٣٣) لسنة ٥٢

(٩٤/٧٩) المنشور على الصفحة (٦٧) من عدد مجلة نقابة المحامين لسنة ٩٥، وجاء فيه : "١ - يستفاد من نص الفقرة الخامسة من قانون العلامات التجارية التي تنص على (كل طلب يقدم لحذف علامة تجارية من السجل بسبب عدم وجود ما يسوغ تسجيلها أو بسبب تسجيل تلك العلامة تنشأ عنه منافسة غير عادلة يجب أن يقدم خلال خمس سنوات من تسجيل تلك العلامة) أن مدة التقادم تبدأ من تاريخ تسجيل العلامة تسجيلا فعليا وليس من تاريخ تقديم طلب التسجيل ، ويعزز هذا الرأي أن مدة التقادم تبدأ من تاريخ نشوء الحق في إقامة الدعوى . وعليه فإن حق ذي المصلحة في تقديم طلب ترقين تسجيل العلامة التجارية لا ينشأ إلا بعد تسجيل العلامة تسجيلا فعليا... " .

حتى يستطيع مستعمل العلامة التجارية ترقين العلامة التجارية المسجلة باسم شخص آخر فلا بد أن تتوافر عدة شروط حددها قرار محكمة العدل العليا رقم (٧٦/٧٣) المنشور في عدد مجلة النقابة لسنة ٧٩ على الصفحة (١٦١٧) :

" يتبين من نصوص المواد (٣٤، ٥/٢٥) من قانون العلامات التجارية رقم (٣٣) لسنة ١٩٥٢ أنه لمستعمل العلامة التجارية السابقة الذي أصبحت العلامة مميزة لبضائعه الحق في ترقين العلامة التجارية المسجلة باسم شخص آخر إذا توافرت الشروط التالية :

١- إذا ثبت أن هنالك تشابها بين العلامتين من شأنه أن يؤدي إلى غش الجمهور .

٢- إذا كان استعمال العلامة الأولى سابقا لتاريخ وتسجيل العلامة المطلوب حذفها .

٣- إذا لم يمر على تسجيل العلامة المطلوب ترقينها مدة خمس سنوات "

وهنا على المسجل قبل إصدار قراره في إلغاء التسجيل السماح لكل من مقدم الطلب وصاحب العلامة إبداء دفوعهما . ويكون قرار المسجل المتعلق بطلب إلغاء العلامة التجارية قابلا للطعن فيه أمام **محكمة العدل العليا**[(١)]. ويؤخذ على المشرع الأردني بأنه لم يحدد مدة الطعن بقرار المسجل المتعلق بشطب العلامة التجارية عند تعديل قانون العلامات التجارية ، ولذا تكون مدة الطعن في هذا القرار لدى محكمة العدل العليا **عشرون يوما** من تاريخ صدور قرار المسجل بإلغاء تسجيل العلامة التجارية سندا لما استقرت عليه محكمة العدل العليا بهذا الخصوص في القرار الصادر عنها والذي يحمل الرقم (٥٨/٦) المنشور في عدد مجلة نقابة المحامين لسنة ٥٨ على الصفحة رقم (٨٦١) إذ جاء فيه :

١ - الفقرة الثانية من المادة ٢٥ من قانون العلامات التجارية أجازت استئناف قرار مسجل العلامات التجارية دون أن تحدد مدة لتقديم الاستئناف .

٢- إن المادتين الوحيدتين في قانون العلامات التجارية اللتين تحددان مدة الاستئناف هما (٦/١٤) و (٣/١٨) من القانون المذكور .

٣ - مدة الاستئناف في الحالات الأخرى التي لم تحدد فيها المدة يجب أن تحدد بطريقة القياس بالنسبة لمشابهتها أو لمطابقتها للحالتين المنصوص عليهما في هاتين المادتين .

وقد بين المشرع في المادة (٣/٢١) من قانون العلامات التجارية رقم

---

(١) انظر م **(٣/٢٢) قانون العلامات التجارية** رقم (٣٣) لسنة ٥٢

(٣٣) لسنة ٥٢ أنه في حالة انقضاء **سنة** على انتهاء مدة تسجيل العلامة التجارية دون تقديم مالكها لطلب تجديدها فتعتبر **مشطوبة حكما** ويحق للغير تسجيل هذه العلامة باسمه بعد انقضاء **سنة أخرى** . على أن مالكها الأصلي يملك الحق في طلب إعادة تسجيلها في أي وقت بعد شطبها بشرط ألا تكون قد سجلت باسم شخص آخر .

وفي حال شطب (ترقين) العلامة التجارية أو حذفها من السجل لأي سبب من الأسباب فعلى المسجل إدراج قيد بذلك في سجل العلامات التجارية مع بيان أسباب هذا الحذف أو الشطب .

المبحث السادس

الرسوم المستوفاة عن طلبات تسجيل العلامات التجارية وما يتفرع عنها من إجراءات :

١- طلب تسجيل علامة تجارية بشأن مادة واحدة وحتى عشر مواد من صنف واحد ٢٠,٠٠ دينار

٢- طلب تسجيل العلامة التجارية التي يزيد عدد مواد الصنف على عشر مواد من صنف واحد ٤٠,٠٠ دينار

٣- طلب تسجيل علامة جماعية تتعلق بمادة أو أكثر من صنف واحد ١٠٠,٠٠ دينار

٤- إشعار الاعتراض على كل طلب تسجيل علامة تجارية ١٠٠,٠٠ دينار

٥- إشعار إيداع لائحة جوابية ردا على إشعار الاعتراض على تسجيل العلامة

التجارية ١٠,٠٠ دنانير .

٦- البينات المقدمة من وكيل الجهة المعترضة المؤيدة للاعتراض عن كل مرة تقدم فيها ١٠,٠٠ دنانير .

٧- البينات المقدمة من الجهة المعترض عليها وعن كل مرة تقدم فيها ١٠,٠٠ دنانير .

٨- تقديم لائحة دعوى حذف تسجيل علامة أو شطبها ١٥٠,٠٠ دينار .

٩- تقديم لائحة جوابية ردا على لائحة دعوى حذف تسجيل علامة تجارية أو شطبها ١٠,٠٠ دنانير .

١٠- تقديم بينات المستدعي طالب حذف تسجيل علامة تجارية أو شطبها (عن كل مرة) ١٠,٠٠ دنانير .

١١- تقديم بينات المستدعى ضده المطلوب حذف تسجيل علامته التجارية أو شطبها(عن كل مرة) ١٠,٠٠ دنانير .

١٢- طلب سماع أقوال صاحب العلامة التجارية ١٠,٠٠ دنانير .

١٣-إصدار شهادة تسجيل علامة تجارية ٢٥,٠٠ دينار .

١٤- طلب تسجيل نقل ملكية علامة تجارية أو رهنها أو الترخيص باستعمالها ٣٠,٠٠ دينار .

١٥- طلب إجراء أي تغيير في السجل يتعلق بعلامة تجارية ١٠,٠٠ دنانير .

١٦- طلب تجديد تسجيل علامة تجارية ٢٠,٠٠ دينار .

١٧- طلب قيد إضافة إلى المواد المسجلة لعلامة تجارية أو أي تغيير في العلامة المسجلة ١٠,٠٠ دنانير .

١٨- طلب إلغاء قيد مفروض على استعمال علامة تجارية مسجلة ١٠,٠٠ دنانير

١٩- طلب إجراء تفتيش بمقتضى المادة (٧٧) من النظام المعدل لنظام العلامات التجارية رقم (٣٧) لسنة ٢٠٠٠م ١٠,٠٠ دنانير .

٢٠- طلب أي شهادة يصدرها المسجل ١٠,٠٠ دنانير .

٢١- طلب تصديق صورة أي مستند متعلق بعلامة تجارية ١٠,٠٠ دنانير .

٢٢- أي طلب آخر ١٠,٠٠ دنانير .

الباب الثاني
براءات الاختراع

يتناول هذا الباب الاختراعات والتي تعتبر من أهم أسباب تقدم الشعوب ورقيها ، والشهادة الممنوحة عن تلك الاختراعات لحمايتها من أي تقليد أو اعتداء وفقا للتقسيم التالي :

- **الفصل الأول** : مفهوم براءة الاختراع وماهيتها.

المبحث الأول : تعريف براءة الاختراع .

المبحث الثاني : تطور التشريعات المتعلقة ببراءات الاختراع .

المبحث الثالث : خصائص حق ملكية براءة الاختراع .

المبحث الرابع : الشروط الواجب توافرها في الاختراع حتى يكون قابلا للحماية .

- **الفصل الثاني** : تسجيل الاختراع .

المبحث الأول : الاختراعات التي لا يجوز منح البراءة فيها .

المبحث الثاني : إجراءات تسجيل الاختراع .

المبحث الثالث : التراخيص الإجبارية للاختراع .

المبحث الرابع : الأشخاص الذين لهم الحق في طلب البراءة .

المبحث الخامس : مدة حماية الاختراع .

المبحث السادس : حالات انقضاء براءة الاختراع .

المبحث السابع : الرسوم المستوفاة عن تسجيل الاختراعات.

مفهوم براءات الاختراع وماهيتها

المبحث الأول

تعريف براءة الاختراع :

فقها - تعرف د.سميحة القليوبي براءة الاختراع بأنها : " الشهادة التي تمنحها الدولة للمخترع ويكون له بمقتضاها حق احتكار استغلال اختراعه ماليا لمدة معينة وبأوضاع معينة " [١]

أما د.محمد حسني عباس فيعرفها كالتالي : "هي شهادة تمنحها الإدارة لشخص ما وبمقتضى ـ هذه الشهادة يستطيع صاحب البراءة أن يتمسك بالحماية التي يضفيها القانون على الاختراع" [٢] .

د . صلاح زين الدين عرفها بأنها : "شهادة رسمية (صك) تصدرها جهة إدارية مختصة في الدولة إلى صاحب الاختراع أو الاكتشاف يستطيع هذا الأخير بمقتضى هذه الشهادة احتكار استغلال اختراعه أو اكتشافه زراعيا أو تجاريا أو صناعيا لمدة محددة وبقيود معينة " [٣] .

---

(١) د. سميحة القليوبي ، **الملكية الصناعية** (مرجع سابق) ، ص٣٢

(٢) د. محمد حسني عباس ، **التشريع الصناعي** ، ب ن ، ١٩٦٧ ، ص٣١

(٣) د. صلاح زين الدين ، **الملكية الصناعية والتجارية** ، دار الثقافة للنشر عمان ط١ ٢٠٠٠م ، ص٢٤

دوليا - عرفتها اتفاقية (TRIPS) أنها : " شهادة تمنح لأي اختراعات سواء أكانت منتجات أم عمليات صناعية في كافة ميادين التكنولوجيا ، شريطة كونها جديدة وتنطوي على خطوة إبداعية وقابلة للاستخدام في الصناعة " .

أما قانونا - فعرفها قانون براءات الاختراع رقم (٣٢) لسنة ٩٩ في مادته الثانية بأنها : " الشهادة الممنوحة لحماية الاختراع " .

وعرفت المادة ذاتها الاختراع : " أي فكرة إبداعية يتوصل إليها المخترع في أي من مجالات التقنية وتتعلق بمنتج أو بطريقة صنع أو بكليهما تؤدي عمليا إلى حل مشكلة معينة في أي من هذه المجالات " .

ويميل المؤلف لتأييد تعريف د. صلاح زين الدين لبراءة الاختراع إذ جاء وافيا وشاملا لكافة التعريفات السابقة ويعطي لقارئه فكرة كاملة عن ماهية براءة الاختراع .

المبحث الثاني

التطور التاريخي للتشريعات المتعلقة ببراءات الاختراع :

كان أول ظهور للتشريعات المتعلقة بتنظيم وحماية براءات الاختراع في أواخر القرن التاسع عشر . فبعد قيام الثورة الصناعية وما نتج عنها من تطورات في الفكر الإبداعي وظهور مخترعات جديدة عملت كل دولة على سن تشريع خاص بها يتناسب مع ظروفها وأحكامها القضائية .

ومع تطور وسائل النقل وما أدى له هذا التطور من سهولة في نقل السلع والمخترعات من مكان لآخر وتفاعل في الأفكار والطموحات الصناعية شعرت

الدول بضرورة وضع قانون أعلى للدول الصناعية يهتم بموضوع تلك الاختراعات نظرا لكون تشريعاتها الداخلية قد لا تواكب احتياجات ذلك التطور الصناعي وانتقال المعرفة والفن الإبداعي بين مختلف البلدان . فاجتمعت إحدى عشر دولة في باريس في عام ١٨٨٢م نشأ عن ذلك الاجتماع إبرام معاهدة باريس وكانت الدول الإحدى عشر التي وقعت على تلك المعاهدة هي : فرنسا ، إسبانيا ، البرازيل ، بلجيكا ، إيطاليا ، جواتيمالا، الدول الاسكندنافية ، البرتغال ، السلفادور ، المجر وسويسرا .

وبعد ذلك اتسعت دائرة الدول الموقعة على هذه المعاهدة فبعد انسحاب جواتيمالا والسلفادور منها انضمت لها كل من الولايات المتحدة واليابان وتلتهما إنجلترا وألمانيا ومعظم الدول الأوروبية والإفريقية والأسيوية والاتحاد السوفييتي إلى أن اصبح عدد الدول الموقعة على هذه الاتفاقية حتى عام ١٩٨٠م ثمانين دولة .[١]

بعد ذلك حرصت الدول العربية على أن يكون لها قانونا مشتركا لحماية الملكية الصناعية فأعدت السكرتارية التنفيذية لمركز التنمية الصناعية للدول العربية مشروع قانون نموذجي لمصلحة الدول العربية يتعلق بموضوع الاختراعات وحمايتها إلا أن هذا القانون لم ير النور .

كما قامت المنظمة العالمية للملكية الفكرية بإعداد مشروع اتفاق بشأن براءات الاختراع لمصلحة مجلس التعاون الخليجي .[٢]

---

(١)د.سينوت حليم دوس ، **تشريعات براءات الاختراع في مصر والدول العربية** ، منشأة المعارف / الإسكندرية ١٩٨٨ ص٧

(٢) د.سينوت حليم دوس ، المرجع السابق ، ص١٠

أما في الأردن فقد كان أول قانون يهتم ببراءات الاختراع تم وضعه في سنة ١٩٥٣ وكان يسمى (قانون امتيازات الاختراعات والرسوم) وظل معمولا به حتى عام ١٩٩٩ عندما صدر قانون براءات الاختراع رقم (٣٢) لسنة ٩٩ والمعدل بموجب قانون براءات الاختراع المؤقت رقم (٧١) لسنة ٢٠٠١ والذي لا يزال معمولا به حتى الآن .

المبحث الثالث

خصائص حق ملكية براءة الاختراع[1] :

يتميز حق ملكية براءة الاختراع بعدة خصائص يمكن إجمالها على النحو التالي :

أولا/ حق مؤقت :-

ولعل هذه الخاصية تعد من أهم الخصائص المميزة لهذا الحق نظرا لطبيعته الخاصة التي يحكمها وجوب حدوث تغير وتطور مستمرين في الاختراع وإمكانية ظهور مبتكرات واختراعات جديدة مما يجعل من الضروري تحديد مدة زمنية معينة لحماية الاختراع .

ثانيا/ حق مقيد بالاستغلال :-

إن من أهم الشروط التي يجب على صاحب حق ملكية براءة الاختراع اتباعها عند تسجيل اختراعه وحصوله على البراءة هي وجوب استعماله

---

(١) انظر في ذلك محمد أنور حماده ،**النظام القانوني لبراءات الاختراع والرسوم والنماذج الصناعية**، دار الفكر الجامعي / الاسكندرية ٢٠٠٢ ص ١٣

واستغلاله على نحو يحقق الغاية المنشودة من منحه هذه البراءة وهي نشر التكنولوجيا وتشجيع روح الابداع والابتكار في المجتمع .

ثانيا/ حق ذو خاصية مالية :-

لعل هذه الخاصية ترتبط ارتباطا مباشرا بالخاصية التي تسبقها ، إذ أن استغلال واستعمال الاختراع سواء من قبل صاحبه مباشرة أم من قبل من يرخص له بذلك سيؤدي حتما إلى تحقيق مردود مالي لكل من صاحب الاختراع ومن يرخص له باستغلاله وللدولة.

رابعا/ أنه يرتبط بقرار إداري :-

فلا تترتب الحماية المقررة للاختراع إلا إذا قام من يرغب بتسجيله باتباع الإجراءات المنصوص عليها في القانون على نحو يؤدي إلى صدور قرار إداري من قبل مسجل الاختراعات لحماية هذا الاختراع.

المبحث الرابع

الشروط الواجب توافرها في الاختراع حتى يكون قابلا للحماية :

حتى يكون الاختراع قابلا للحماية من خلال حصول صاحبه على البراءة لابد أن تتوافر فيه بعض الشروط التي تجعل من حمايته أمرا ضروريا وملحا وقد أورد المشرع الأردني في قانون براءات الاختراع رقم (٣٢) لسنة ٩٩ وتحديدا في المادة الثالثة منه الشروط الواجب توافرها في الاختراع حتى يحمى ، وسنحاول في هذا المبحث بيان وتوضيح تلك الشروط :-

١- أن يكون جديدا (الجدة) :

ويقصد بالجدة هنا كما تراها الدكتورة سميحة القليوبي عدم علم الغير بسر الاختراع قبل طلب البراءة عنه .

ولغايات تحقق هذا الشرط فإن أي وسيلة تؤدي إلى معرفة الجمهور بمضمون الاختراع سواء كانت بالوسائل المسموعة أم المنظورة أم المقروءة أو شفاهة أو أي وسيلة أخرى يتحقق بها هذا العلم للجمهور ، فإن علم الجمهور بهذا الاختراع بأي من تلك الوسائل فإن ذلك الاختراع سيفقد عنصر الجدة .

فإذا علم سر الاختراع للجميع بعد اكتشافه وقبل الحصول على البراءة أصبح هذا الاختراع ملكا للمجتمع ، ولا يعتبر استغلاله أو استعماله من قبل الغير في هذه الحالة اعتداء على حق من حقوق الملكية الصناعية وذلك لأن حق الاستئثار هذا إنما يعطى للمخترع مقابل ما يقدمه ذلك المخترع للمجتمع من جديد فإن لم يتوفر في الاختراع ما يحويه من أسرار صناعية فعندئذ لن يعود هناك من مبرر لمنحه براءة الاختراع.[1]

إضافة إلى أنه إذا ما تم الكشف عن هذا الاختراع للجمهور قبل تقديم طلب الحصول على البراءة فلن يحصل مقدم الطلب على البراءة التي يريدها لعلة انتفاء عنصر الجدة من اختراعه .

إلا أن المشرع الأردني أورد استثناء على هذا الشرط بأنه إذا حدث هذا الكشف عن الاختراع للجمهور خلال **اثني عشر- شهرا** تسبق تاريخ إيداع الطلب أو الإدعاء بأولوية الطلب نتيجة لتصرف من الطالب (كأن يعرض اختراعه في محاضرة أو مؤتمر يعقده لبيان مدى أهميته للمجتمع) أو فعل

---

(١) د.صلاح زين الدين ، **الملكية الصناعية والتجارية** (مرجع سابق) ، ص٣٧ .

غير محق من الغير (كأن يقوم شخص آخر بنشر ذلك الاختراع أو تفاصيل عنه دون علم أو رضا من المخترع) فلا يعتد عندئذ بذلك الكشف.

وهذا ما ذهب إليه المحامي عامر الكسواني إذ نادى بضرورة وجود هذا الاستثناء على شرط الجدة إذ أن المخترع قد يجبر في بعض الأحيان على الكشف عن اختراعه قبل تسجيله إذا ما طلب منه القيام بعرضه أمام لجنة خاصة أو هيئة ما لتقدير مدى أهمية الاختراع أو لإجراء تقييم علمي وعملي للاختراع[١] .

٢- أن يكون مبتكرا (الابتكار) :-

لم يورد المشرع الأردني تعريفا للابتكار في قانون براءات الاختراع . ولكن لتوضيح هذا الشرط (العنصر) نورد تعريفا للابتكار ورد في القانون المصري إذ عرفه بأنه : " كل جديد أو محاولة خلاقة للإسهام المبتكر الفريد في مجال العلم أو البحث يؤدي إلى تصميم أو أقلمة أو تطوير أو اكتشاف "[٢].

وعرفه الفقه بأنه : " إيجاد شيء جديد لم يكن موجودا من قبل أو اكتشاف شيء كان موجودا ولكنه كان مجهولا وغير ملحوظ وجوده "[٣]

للابتكار عدة صور ، نشير إليها هنا بشيء من الإيجاز[٤]:-

أ- أن يأخذ الاختراع صورة إنتاج صناعي جديد ، بأن تكون للاختراع خصائص ذاتية تميزه عن غيره من المنتجات الصناعية في تركيبه أو

---

(١) المحامي عامر الكسواني ، **الملكية الفكرية** (مرجع سابق) ، ص ٨٨ .

(٢) انظر في ذلك د.سميحة القليوبي ، **الملكية الصناعية** (مرجع سابق) ، ص ٥٩

(٣) د . سميحة القليوبي ، **الملكية الصناعية** (مرجع سابق) ، ص٥٩

(٤) انظر كتاب د.سميحة القليوبي ، **الملكية الصناعية** (مرجع سابق) ، ص٦٤ وما بعدها

خصائصه أو حتى في شكله مثل : اختراع السيارة، أو الدبابة أو مادة كيميائية جديدة .

ب- وقد يأخذ الاختراع صورة طريقة صناعية جديدة ، وفي هذه الصورة يتعلق الابتكار بطرق أو وسائل صناعية جديدة لإنتاج شيء موجود ومعروف من قبل وليس إنتاج شيء جديد لم يكن معروفا من قبل كما في الصورة السابقة . إلا أنه وحتى يحصل الاختراع في مثل هذه الحالة على البراءة فلا بد أن تتوافر فيه الشروط الموضوعية للاختراع لا سيما من خلال تحقيق ذلك الاختراع لتقدم ملموس في الفن الصناعي يتجاوز ما هو مألوف في الطرق العادية للصناعة[١] . مثل : اختراع طريقة جديدة لمعالجة فيروس الكمبيوتر.

جـ- تطبيق جديد لوسائل أو طرق صناعية معروفة ، وهذه الصورة تتضمن أن يكون هناك وسيلة ما تتبع في إنتاج صناعي معروف ويتم استخدام ذات الوسيلة بتطبيقات مبتكرة للحصول على إنتاج صناعي جديد مثل : استخدام الطاقة الشمسية في تحريك السيارات .

د- ابتكار تركيب جديد لوسائل معروفة ، بحيث يتم تركيب عدة وسائل صناعية معروفة أو غير معروفة لينتج عنها مركبا جديدا ومستقلا في ذاته عن عناصره الداخلة فيه مثل: تركيب مواد كيميائية معروفة من قبل ينتج عنها مادة جديدة ذات خصائص مختلفة عن المواد والعناصر الداخلة في تكوينها[٢] .

---

(١) انظر في ذلك د. محمد حسين عباس ، **الملكية الصناعية والمحل التجاري** ، (مرجع سابق) ، ص٧٠ .

(٢) د. أكثم الخولي ، **الوسيط في القانون التجاري** ،ج٣ ،ب ن ، ١٩٦٤ ص ٨٩

وقد حدد قانون براءات الاختراع رقم (٣٢) لسنة ٩٩ معيارا لتمييز ما يعد مبتكرا من الاختراعات عما لا يعد كذلك فأخذ المشرع في تحديد ذلك بمعيار (**الرجل العادي**) بأن الاختراع يعد مبتكرا إذا كان رجل المهنة العادي غير قادر على التوصل لنفس الاختراع كأمر عادي وبديهي بالنسبة له .

إلا أن عبارة (رجل المهنة العادي) الواردة في المادة (٣/ب) من ذلك القانون جاءت مبهمة ، فلا نعلم هل قصد المشرع برجل المهنة الشخص الذي يحمل نفس مهنة المخترع أم الشخص الذي يمتهن المهنة التي يتعلق الاختراع بها ؟ فمثلا يمكن أن يقوم مهندس ميكانيكي باختراع نوع جديد من محركات السيارات فهنا هل ينطبق هذا المعيار على المهندسين أم على الميكانيكيين ؟!

٣- أن يكون قابلا للاستغلال الصناعي :

بحيث يمكن صنعه أو استعماله في أي نوع من أنواع الزراعة أو صيد الأسماك أو الخدمات أو الصناعة بمعناها الواسع إضافة إلى الحرف اليدوية.

فيكون الاختراع صناعيا إذا أمكن تطبيقه عمليا من خلال ترجمته إلى شيء مادي ملموس بصورة يمكن معها الاستفادة منه عمليا، أما الاختراعات التي لا يمكن تحقيق تلك الفائدة العملية المرجوة منها فلا تمنح البراءة .

٤- أن يكون مشروعا (المشروعية) :

ولعل هذا الشرط من أهم الشروط المطلوبة في الاختراع حتى يحظى بالحماية القانونية نظرا لارتباطه الوثيق بالقيم والعادات والأخلاق الإسلامية السوية التي اعتاد عليها المجتمع الأردني، فيجب أن يكون الاختراع متناسبا مع الآداب العامة وغير مخالف للنظام العام أو القوانين.

تسجيل الاختراع

المبحث الأول

الحالات التي لا يتم منح براءة الاختراع فيها

وفقا للقانون الأردني [1] :

بالإضافة لما ورد سابقا من شروط وقيود على منح البراءة للاختراعات إلا أنه وعلى الرغم من كون اختراع مـا قـد يكـون جديـدا ومبتكـرا وقـابلا للاستغلال الصناعي ومشروع قانونا إلا أنـه قـد لا يحظـى بموافقـة مسـجل الاختراعات لتسجيله كون قانون براءات الاختراع قد أورد بعض الاختراعـات التي لا يتم منح براءة اختراع فيها وذلك على النحو التالي:

١- الاختراعات التي يترتب على استغلالها إخلال بـالآداب العامـة أو النظـام العام ، فلا بد من أن يكون الاختراع مشروعا حتى يمكن تسجيله .

٢- الاختراعات التي يكون منع استغلالها تجاريا ضروريا لحماية الحيـاة أو الصحة البشرـية أو الحيوانيـة أو النباتيـة أو لتجنـب الأضرار الشـديدة بالبيئة .

---

(١) م(٤) قانون براءات الاختراع رقم (٣٢) لسنة ٩٩

٣- الاكتشافات والنظريات العلمية والطرق الرياضية ، إذ أن مثل هذه النظريات والاكتشافات لا تكون قابلة للاستغلال الصناعي .

٤- طرق التشخيص والعلاج والجراحة اللازمة لمعالجة البشر أو الحيوانات .

٥- النباتات والحيوانات باستثناء الأحياء الدقيقة .

٦- الطرق البيولوجية لإنتاج النباتات والحيوانات فيما عدا الطرق غير البيولوجية والطرق البيولوجية الدقيقة .

وحسنا فعل المشرع عندما ألغى الفقرة (و) من المادة (٤) من قانون براءات الاختراع رقم (٣٢) لسنة ٩٩ بموجب قانون براءات الاختراع المؤقت المعدل رقم ٧١ لسنة ٢٠٠١ والتي كانت تمنع من تسجيل الاختراعات التي مضى على تقديم مالكها طلبا بتسجيلها أول مرة خارج المملكة أكثر من **١٨ شهر** قبل تاريخ تقديم طلب تسجيلها في المملكة . إذ أن مدة الثمانية عشر شهرا من تاريخ تقديم طلب التسجيل لهذا الاختراع خارج المملكة مدة غير كافية وقصيرة وبالتالي كان يجب على المشرع تعديلها بإلغاء هذه الفقرة أو على الأقل بإطالة هذه المدة حتى لا تكون هذه المادة من قانون براءات الاختراع سببا لعزوف المخترعين وأصحاب الاختراعات المسجلة في الخارج من تسجيلها في الأردن ، وبالتالي تكون هذه المادة عائق أمام نقل التكنولوجيا للمملكة وكفيلة بالنتيجة بهدم ما ابتغاه المشرع في قانون براءات الاختراع رقم (٣٢) لسنة ٩٩ بتشجيع المخترعين على تسجيل اختراعاتهم في الأردن وجلب كل ما هو جديد للمملكة .

ونجد بالرجوع إلى نصوص اتفاقية (TRIBS) بأن هذا التوسع في الاستثناءات الواردة على حماية الاختراعات ينسجم مع المادة (٢٧) من الاتفاقية ببنديها الثاني والثالث ، إذ أن قانون امتيازات الاختراعات والرسوم

رقم (٢٢) لسنة ٥٣ كان يقتصر في هذه الاستثناءات على ما يراه مسجل براءات الاختراع من عدم تسجيل الاختراعات التي من شأنها أن تشكل مخالفة للقانون أو منافاة للآداب أو تتعارض مع المصلحة العامة .

ومن النواحي التي لابد من التطرق إليها عند الحديث عن الحالات التي لا تمنح فيها براءة الاختراع هي أن المشرع الأردني أجاز منح براءة الاختراع عن **المنتج النهائي** للمنتجات الكيميائية المتعلقة بالعقاقير الطبية أو المركبات الصيدلانية أو الأغذية(١) متلافيا بذلك ما كان قد وقع فيه من خطأ في قانون امتيازات الاختراعات والرسوم رقم (٢٢) لسنة ٥٣ عندما كان يحجب الحماية القانونية عن الشكل النهائي لهذه المنتجات وذلك بعدم منح البراءة عنها ، حيث كان تقرير الحماية القانونية ومنح براءة الاختراع يقتصر على طريقة الصنع ، وقد كان وجوب تعديل الفقرة الثالثة من المادة الرابعة من قانون امتيازات الاختراعات والرسوم من أهم المتطلبات الضرورية لانضمام الأردن لمنظمة التجارة العالمية أثناء جولات التفاوض آنذاك .

المبحث الثاني

إجراءات تسجيل الاختراع والوثائق المطلوبة لذلك :

يتم تسجيل الاختراع لدى مسجل الاختراعات في وزارة الصناعة والتجارة في سجل خاص يسمى (سجل الاختراعات) يتضمن جميع البيانات المتعلقة بالاختراعات وأسماء مالكيها وعناوينهم والبراءات الممنوحة لهم وما طرأ على هذه البراءات من إجراءات وتصرفات قانونية وأي تحويل أو تنازل

---

(١) انظر م **(٣٦/ب) قانون براءات الاختراع** رقم (٣٢) لسنة ٩٩ .

أو نقل ملكية أو ترخيص ممنوح من مالك البراءة للغير باستعمالها ، وكذلك أي رهن أو حجز يوقع على البراءة أو أي قيد على استعمالها . عمليا بقوم قسم براءات الاختراع في وزارة الصناعة والتجارة بتنظيم هذا السجل من خلال أجهزة الحاسوب مما يجعل من عمل مسجل الاختراعات في تحديد أي تشابه أو اعتداء أو أي إجراء أو تغيير أو تطوير حصل على الاختراعات أمرا سهلا وعلى نحو يخدم الحماية التي يريدها المشرع والمجتمع للاختراعات.

وقد سمح القانون لأي شخص الاطلاع على ما ورد في هذا السجل من بيانات[1] .

الوثائق المطلوبة لتسجيل الاختراع :

١- إيداع طلب التسجيل لدى مسجل الاختراعات مرفقا به وصف تفصيلي للاختراع يتضمن إفصاحا واضحا وصريحا وكاملا عن الاختراع وأفضل أسلوب لاستخدامه بحيث يستطيع أي شخص من ذوي الخبرة في مجال ذلك الاختراع من تنفيذه .

٢- البيانات الكاملة عن الطلبات التي تقدم فيها طالب التسجيل في أي دولة أخرى لتسجيل نفس الاختراع فيها قبل تقديم طلبه أو في نفس الوقت ، وما أسفرت عنه هذه الطلبات من نتائج ، وإذا كانت هذه البيانات متعلقة بمواد بيولوجية أو أحياء دقيقة فهنا يجب على مقدم الطلب أن يقدم عينات بهذه المواد أو الأحياء إلى أحد المراكز المتخصصة ويقدم للمسجل إشعارا يفيد بذلك عند تقديمه لطلب التسجيل .

٣- إذا لم يكن طالب التسجيل هو المخترع فيجب أن يبرز ما يحمله من

(١) **م (٧) قانون براءات الاختراع** رقم (٣٢) لسنة ٩٩ .

مستندات تثبت حقه في البراءة ، لأن الأصل في منح البراءة أنها تمنح للمخترع إلا إذا كان قد نقل ملكية ذلك الاختراع لشخص ما بطريقة أو بأخرى . ويتضح هنا بأن المشرع الأردني لم يجعل الحق في تقديم طلب البراءة حكرا على شخص ما وإنما أعطى هذا الحق لأي شخص سواء كان طبيعيا أم معنويا، أردنيا أم أجنبيا[١] طالما أن هذا الشخص قدم ما يثبت ملكيته و/أو حقه في ذلك الاختراع.

٤- تحديد العناصر التي يرغب في حمايتها ، بشرط أن تكون واضحة ومدعمة بوصف كامل لها مع جواز استخدام الرسوم التوضيحية لتفسيرها إذا دعت الحاجة لذلك .

٥- ملخصا مختصرا عن مواصفات الاختراع والعناصر الجديدة المطلوب حمايتها بما يقارب (٢٠٠) كلمة[٢] ، واسم المخترع وطالب البراءة وعنوانهما وذلك لغايات النشر في الجريدة الرسمية .

٦- شهادة تسجيل الشركة أو المؤسسة أو صورة عن عقد التأسيس حسب مقتضى الحال إذا كان طالب التسجيل شخصا معنويا .

٧- سند الوكالة المعطاة لوكيل تسجيل الاختراع أو المحامي مصدقة حسب الأصول .

٨- إذا كان الطالب يرغب في تضمين طلبه إدعاء بحق الأولوية فيرفق مع طلب التسجيل صورة عن الطلب السابق والمستندات المرفقة به ، وشهادة تبين تاريخ تقديم الطلب السابق ورقم إيداعه والدولة التي أودع بها[٣] .

---

(١) انظر د. صلاح الدين الناهي، المرجع السابق، ص١٥٦.

(٢) م (١٠/ج) **نظام براءات الاختراع** رقم (٩٧) لسنة ٢٠٠١

(٣) م (١٠/ز) **نظام براءات الاختراع** رقم (٩٧) لسنة ٢٠٠١

٩- إذا كان الاختراع قد صدرت فيه شهادة حماية مؤقتة نتيجة لعرضه في إحدى المعارض الرسمية فيجب إرفاق هذه الشهادة مع طلب التسجيل .

بعد ذلك يقدم طلب تسجيل الاختراع خطيا **مشفوعا باليمين المحددة في الطلب** ويتم حلف هذه اليمين أمام قاضي الصلح وفق الصيغة التالية : " أنا / نحن (اسم وعنوان وجنسية صاحب الطلب) أصرح بعد اليمين بأنني المالك الشرعي للاختراع المسمى (اسم الاختراع) وأدعي بأنني / بأن مورثنا (اسم المخترع أو المخترعين) المخترع الحقيقي والأول والوحيد لذلك الاختراع ، وأن هذا الاختراع لم يكشف عنه للجمهور أو أنه إذا كان قد كشف عنه فقد تم ذلك وفقا لأحكام المادة (٣/أ/٢) من قانون براءات الاختراع رقم (٣٢) لسنة ٩٩ وإني أطلب منحي براءة بالاختراع المذكور "[١].

بحيث يجب أن تكون جميع المستندات ونسخها ما عدا المستندات التي تحتوي على رسومات توضيحية محررة أو مطبوعة باللغة العربية - ما لم يشار إلى غير ذلك - بأحرف كبيرة واضحة وبحبر قاتم اللون على ورق أبيض متين بالحجم الذي يحدده المسجل ، ويترك هامش على الجهة اليسرى لا يقل عرضه عن **٤سم** ويتم التوقيع عليها بخط كبير وواضح مع ترك فراغ مناسب أعلى الصفحة الأولى من مواصفات الاختراع[٢] . وإذا كانت هذه المستندات باللغة الإنجليزية فيجب أن ترفق معها ترجمة إلى اللغة العربية ، فإن كانت بلغة أخرى ترفق بها ترجمة إلى اللغتين العربية والإنجليزية[٣] .

---

(١) **نموذج رقم (٤) في الملحق رقم (٢) من نظام براءات الاختراع** رقم (٩٧) لسنة ٢٠٠١

(٢) **م (٥) نظام براءات الاختراع والرسوم** رقم (٩٧) لسنة ٢٠٠١ .

(٣) **م (١٢) نظام براءات الاختراع** رقم (٩٧) لسنة ٢٠٠١

فيما يتعلق بالمستندات التي تتضمن رسوما توضيحية للاختراع تراعى في هذه الرسوم المواصفات التالية[1]:-

١- أن تكون هذه الرسوم بخطوط واضحة وعلى نسق واحد .

٢- أن ترسم على ورق الرسم بشكل عمودي .

٣- أن تكتب الحروف والأرقام المستخدمة في الإشارة إلى أجزاء الرسم بشكل واضح ، وفي حالة كتابة هذه الحروف والأرقام خارج الرسم التوضيحي أن تكون متصلة بالأجزاء التي تشير لها بخطوط رفيعة .

ترك هامش كافي بين الأشكال والرسوم التوضيحية ، وترقيم كل شكل منها في حال رسم أكثر من شكل على نفس الورقة .

٤- أما إذا كان الاختراع المراد تسجيله متعلقا باختراعات كيميائية أو أغذية أو عقاقير طبية أو مركبات صيدلانية أو بيطرية فيجب على الطالب أن يرفق مع الطلب عينات من تلك المنتجات في زجاجات محكمة الإغلاق ومختومة بالشمع الأحمر بحيث لا يزيد ارتفاع هذه الزجاجات عن ٨سم وقطرها الخارجي عن ٤سم[2] .

وإن كان الاختراع عبارة عن مادة صباغة أو تلوين فتقدم عينة منه على النحو الذي أوردناه لاحقا بالإضافة إلى نماذج عن سلع تم طباعتها أو صباغتها بهذه المادة[3] .

---

(١) م (١٣) نظام براءات الاختراع رقم (٩٧) لسنة ٢٠٠١

(٢) م (١٤) نظام براءات الاختراع رقم (٩٧) لسنة ٢٠٠١

(٣) م (١٥) نظام براءات الاختراع رقم (٩٧) لسنة ٢٠٠١

يـتم تقديم الطلب والمسـتندات إمـا لمسـجل الاختراعـات باليـد أو إرسالها له بالبريد العادي ، وفي حالة إرسالها بالبريد يعتبر تاريخ تسليمها أو تقديمها هو وقت وصول الرسالة التي تحتوي هذه الطلبات أو المسـتندات إلى المسـجل[1]، وهنـا يجب أن يقـوم مرسـل الطلـب بكتابـة عنوانـه عـلى الرسالة واضحا وكاملا حيث أنه سيصبح هو العنوان المعتمد لمراسلته بشأن هذا الاختراع[2] . ويحق لمقدم الطلب المقيم خارج المملكة أن يحدد عنوانا له داخل المملكة لتبليغه عليه أو أن يكلفه المسجل بـذلك وعنـدها يكون هذا العنوان بمثابة العنوان الحقيقـي لـه، عـلى أنـه يجب أن يكـون هـذا العنوان داخل المملكة هو لشخص مفوض حسب الأصول بحيث يعتبر هذا الشخص المفوض حسب الأصول وكيلا عـن طالـب التسـجيل يسـتطيع القيـام بكافـة الإجـراءات والمخابرات والمقـابلات التـي تـتم مـع مسـجل الاختراعات باستثناء التوقيع على المستندات التالية[3] :

١- طلبات الامتياز أو إلغاءها .

٢- طلبات تعديل مواصفات الاختراع .

٣- تفويض الوكلاء .

٤- لوائح الاعتراض .

٥- طلبات إصدار نسخ من براءات الاختراع .

وقد حدد القانون **حصرا** الأشخاص الذين يحق لهم أن يكونوا وكلاء

(١) م (٦) **نظام براءات الاختراع** رقم (٩٧) لسنة ٢٠٠١

(٢) م (٧) **نظام براءات الاختراع** رقم (٩٧) لسنة ٢٠٠١

(٣) م (٨) **قرار امتيازات الاختراعات والرسوم** رقم (١) لسنة ٥٣ .

لتسجيل الملكية الصناعية وهم : المسجلين في سجل وكلاء الامتياز أو المحامين المسجلين في نقابة المحامين في سجل المحامين المزاولين تحت طائلة الغرامة التي لا تقل عن ألف دينار ولا تتجاوز الخمسة آلاف دينار[1] .

وأرى بأن المشرع قد أصاب عندما حصر هذه المسألة بوكلاء الامتياز والمحامين نظرا لما يتطلبه أمر التسجيل من خبرة ودراية واسعتين لا تتوافران في كثير من الأحيان لدى غيرهم من الأشخاص الآخرين .

على أن المسجل يستطيع رفض وكالة أي شخص أو إجراء أي معاملة معه إذا كان قد شطب اسمه من سجل وكلاء الامتياز بسبب صدور حكم عليه يسيء إلى سمعته كوكيل امتيازات ولم يعيد تسجيل اسمه في ذلك السجل بعد شطبه .

وللمسجل أثناء قيامه بالتحقق من الاختراع واستكماله لشروط وبيانات تسجيله فيما إذا وجد حاجة في إيراد أي تعديلات على الطلب أو أي من بياناته أن يكلف مقدم الطلب بإجراء هذه التعديلات ، فإن استحال إجراء هذه التعديلات أو لم يقم الطالب بإجرائها خلال **ستين يوما** من تاريخ تبلغه بقرار التكليف ولم يقدم هذه التعديلات خلال تلك المدة يصدر المسجل قرارا برفض طلبه[2] ، ويكون هذا القرار قابلا للطعن فيه لدى **محكمة العدل العليا خلال ستين يوما** من تاريخ تبليغه قرار رفض التسجيل .

منح قانون براءات الاختراع رقم (٣٢) لسنة ٩٩ طالب التسجيل الذي كان قد تقدم (أودع) بطلب سابق لتسجيل اختراع ما لدى مسجل

---

(١) م (٣١) قانون براءات الاختراع رقم (٣٢) لسنة ٩٩ .

(٢) م (١١/أ) نظام براءات الاختراع رقم (٩٧) لسنة ٢٠٠١

الاختراعات في الأردن أو لدى أية دولة ترتبط مع المملكة باتفاقية لحماية الملكية الصناعية ولم يسجل ذلك الاختراع بسبب سحب الطلب أو تركه أو رفضه **حق أولوية** في تسجيل اختراعه على غيره ممن تقدم لتسجيل نفس الاختراع ، كما يمنحه هذا الحق إمكانية طلب حماية الاختراع الذي قام بتسجيله في إحدى الدول الملتزمة باتفاقية باريس لدى أي دولة أخرى ملتزمة بتلك الاتفاقية إذا قدم طلب التسجيل لذلك الاختراع خلال مدة الاثني عشر شهرا ، إذا ما طلب صاحب حق الأولوية منحه ذلك الحق بحيث يعتبر تاريخ إيداع طلب التسجيل هو تاريخ إيداع الطلب السابق (الطلب الأول) .

على أنه وحتى يستطيع التمسك بهذا الحق فيجب أن يكون الطالب قد أودع طلب التسجيل اللاحق خلال **اثني عشر شهرا** من اليوم التالي لتاريخ تقديمه للطلب السابق ، وإذا كان اليوم الأخير من الميعاد يوم عطلة رسمية فيمتد الميعاد إلى أول يوم عمل .

ويحق للمسجل أن يكلف من يقدم طلب الأولوية وفقا للمادة (١٠/أ/٢) من قانون براءات الاختراع رقم (٣٢) لسنة ٩٩ بتقديم صورة طبق الأصل عن الطلب الذي سبق إيداعه خلال **ستين يوما** من تاريخ تقديم الطلب اللاحق تحت طائلة فقدانه لحقه في الإدعاء بحق الأولوية[١] . وعلى الرغم من أن المشرع قد أحالنا على اتفاقية باريس لحماية الملكية الصناعية إلا أنه لم يقيد نفسه بما جاء في تلك الاتفاقية بعدم اشتراط أن تكون الصورة المقدمة عن الطلب السابق مصدقة. فقد كان من باب الأولى طالما أنه اختار إحالتنا إلى أحكام تلك الاتفاقية أن يأخذ بما جاء فيها.

---

(١) م (١١/أ) **نظام براءات الاختراع** رقم (٩٧) لسنة ٢٠٠١

كما ويحق لطالب التسجيل التقدم بطلب لتعديل مواصفات الاختراع أو الرسومات التوضيحية قبل نشر البراءة في الجريدة الرسمية مبينا أسباب وماهية ذلك التعديل كما ويحق له أن يجزئ طلبه إلى طلبات فرعية بشرط ألا تؤدي هذه التعديلات أو التجزئة للمساس بجوهر الاختراع أو ما تم الإفصاح عنه في الطلب الأصلي ويمنح عندها مالك البراءة براءة إضافية أخضعها المشرع الأردني لأحكام براءة الاختراع الأصلية من حيث توافر الشروط الموضوعية والشكلية ذاتها مما يترتب على هذا التلازم عدة شروط:-

١- ضرورة وجود ارتباط بين موضوع البراءة الأصلية وموضوع البراءة الإضافية .

٢- أن يكون صاحب البراءة الأصلية هو نفس صاحب البراءة الإضافية .

وقد منح القانون لورثة المتوفى الذي أحرز اختراعا ولم يتقدم بطلب لتسجيله الحق في التقدم بطلب لتسجيل الاختراع باسمهم شريطة ذكر اسم المخترع الحقيقي في هذه الحالة ، فجعل من الحق في الحصول على البراءة حقا قابلا للتوارث بين السلف والخلف . كما ويجوز منح البراءة لخلف مقدم الطلب إذا ما توفي طالب التسجيل قبل حصوله على البراءة .

بعد اكتمال جميع الشروط والوثائق المطلوبة وقبول المسجل لطلب الحصول على البراءة يتم منح الطلب موافقة مبدئية بذلك وينشر إعلان بذلك في الجريدة الرسمية متضمنا ملخصا عن مواصفات الاختراع وأي رسوم أو بيانات متعلقة به ، ويمنح طالب التسجيل **حماية مؤقتة** لاختراعه خلال الفترة الواقعة ما بين تاريخ قبول الطلب وتاريخ منحه البراءة مع

أحقيته خلال تلك الفترة في استغلال اختراعه وإثبات أي تعد عليه[1]
.

ويكون الحق لأي شخص في الاعتراض على تسجيل أي اختراع لدى المسجل خلال **ثلاثة شهور** من تاريخ نشر الموافقة المبدئية على قبول طلب التسجيل في الجريدة الرسمية ، بحيث تقدم لائحة الاعتراض على النموذج المحدد لذلك من قبل المعترض أو وكيله وترفق هذه اللائحة للمسجل على نسختين يتم بيان أسباب ذلك الاعتراض بالتفصيل[2] . وبعد الانتهاء من تبادل اللوائح والبينات بين المعترض وطالب التسجيل على النحو الوارد في نظام براءات الاختراع رقم (٩٧) لسنة ٢٠٠١ يعين مسجل الاختراعات موعدا لسماع القضية على أن يعين هذا الموعد خلال خمسة عشر يوما من تاريخ تبليغ الطرفين بذلك ، بحيث ينظر المسجل في طلبات وبينات كل من المعترض والطالب ويستمع لأقوال كل منهما إن رغبا في ذلك ومن ثم يفصل المسجل بالقضية ويصدر قراره في قبول الاعتراض من عدمه ويبلغ ذلك القرار لأطراف القضية . ويكون هذا القرار قابلا للطعن لدى محكمة العدل العليا.

فإذا لم يتقدم أحد بالاعتراض على تسجيل الاختراع أو تم رفض هذا الاعتراض يصدر المسجل قرارا بمنح البراءة بعد استيفاء الرسوم القانونية المقررة . وهنا وبعد حصول الطالب على البراءة تترتب له عدة حقوق وتنشأ عليه أيضا بالمقابل عدة التزامات يجب عليه القيام بها للمحافظة على هذه البراءة ، ومن تلك الالتزامات :

---

(١) م (١٣) **قانون براءات الاختراع** رقم (٣٢) لسنة ٩٩ .

(٢) م (٣٦) **نظام براءات الاختراع** رقم (٩٧) لسنة ٢٠٠١

١- التزام صاحب البراءة بدفع الرسوم القانونية التي تترتب عليه جراء تسجيل ذلك الاختراع وما يترتب عليه بعد ذلك من أية رسوم أخرى لأي إجراء أو تعديل على تلك البراءة ، إضافة إلى الرسوم السنوية المفروضة على ذلك الاختراع .

٢- التزام صاحب البراءة باستغلال الاختراع الذي حصل بموجبه على البراءة ، فكما أن القانون قد رتب لمالك البراءة الحق في الاستئثار باستغلال اختراعه ومنع الغير من التعدي عليه ألزمه بوجوب استغلال واستعمال ذلك الاختراع موضوع البراءة حتى تتحقق المصلحة العامة المبتغاة من منحه هذه البراءة من خلال دفع عجلة التقدم والرقي والازدهار للدولة المانحة لتلك البراءة . وفي خلاف ذلك فإن البراءة التي منحت له عن ذلك الاختراع ستكون عرضة لإلغائها أو والترخيص للغير باستغلال ذلك الاختراع بترخيص إجباري تمنحه الدولة لذلك الغير .

وفي المقابل تترتب له عدة حقوق على هذه البراءة علاوة على حقه في استغلال ذلك الاختراع وهي :

١- منع الغير الذي لم يحصل على موافقة مالك البراءة من صنع المنتج موضوع الاختراع أو استغلاله أو استخدامه أو عرضه للبيع أو بيعه أو استيراده ، هذا إن كان موضوع البراءة **منتجا** .

٢- أما إذا كان موضوع البراءة **طريقة صنع** فيستطيع منع الغير إذا لم يحصل على موافقته من استعمال طريقة الصنع أو استعمال المنتج المصنوع مباشرة بهذه الطريقة أو عرضه للبيع أو بيعه أو استيراده .

٣- الحق للمالك في رهن البراءة أو الاختراع موضوع تلك البراءة ضمانا

لدينه ، والتنازل عن البراءة للغير سواء أكان هذا التنازل على سبيل البيع أو العوض أو الهبة .

وهذا التنازل قد يكون تنازلا كليا يشمل جميع الحقوق المترتبة على البراءة والبراءات الإضافية عليها (وهي البراءة التي يحصل عليها المخترع نتيجة لما يضيفه على اختراعه الأصلي من تحسينات أو تعديلات إضافية) إن وجدت ما لم يتم الاتفاق على غير ذلك . وقد يكون جزئيا فلا يشمل إلا بعض الحقوق المتعلقة بتلك البراءة وليس جميع تلك الحقوق . وعلى جميع الأحوال وأيا كان شكل ذلك التنازل فلا بد من تسجيله لدى مسجل الاختراعات حسب الأصول حتى يعتد به قانونا .(١)

٤- حق المالك في منح التراخيص للغير باستعمال تلك البراءة أو استغلالها وذلك بموجب عقد ترخيص يمنحه مالك البراءة لشخص ما أو أكثر لاستغلال الاختراع مقابل مبلغ من المال .

وبمجرد إبرام هذا العقد بين طرفيه المرخص والمرخص له تنشأ لكل منهما حقوقا وتترتب في ذمته التزامات نذكرها على النحو التالي :-

الحقوق :

أولا/ حقوق المرخص له :-

١- الحق في استغلال الاختراع والبراءة الإضافية الممنوحة لهذا الاختراع إذا ما كان قد طرأت عليه أية تحسينات أو تعديلات إضافية سواء أكانت سابقة لحصوله على الترخيص أم لاحقة .

---

(١) د.صلاح زين الدين ، **الملكية الصناعية والتجارية** (مرجع سابق) ، ص١٢٠

٢- الحق في استغلال ذلك الاختراع دون أي تعرض أو إعاقة سواء أكان ذلك من قبل المرخص نفسه أو من قبل الغير مما يعني بأن المرخص يضمن للمرخص له أي اعتداء أو تعرض أو أية عيوب خفية من شأنها أن تعيق استغلال هذا الاختراع وتحقيق المنفعة المادية التي ينشدها المرخص له جراء هذا التعاقد ، إلا أن عقد الترخيص يمكن أن يتضمن شرطا يعفي المرخص من هذا الضمان ما لم ينطوي على غش[1] .

ثانيا/حقوق المرخص :-

١- الحق في الحصول على الأجر المتفق عليه .

٢- الحق في الحصول على التعويض المناسب من المرخص له إذا ما أصابه أي ضرر ناتج عن خروج المرخص له عن الحدود المتفق عليها في استغلال الاختراع .

الالتزامات :

أولا/ التزامات المرخص له :-

١- أن يلتزم بدفع الأجر المتفق عليه للمرخص عند استحقاقه .

٢- يجب على المرخص له أن يتقيد بحدود الترخيص زمانا ومكانا وموضوعا تحت طائلة تعويض المرخص عما لحقه من ضرر جراء هذا التعدي .

٣- لا يحق له التنازل عن هذه الرخصة للغير أو منح ترخيص للغير بموجبها[2] .

---

(١) انظر في ذلك د. أكثم الخولي ، **الوسيط في القانون التجاري** (مرجع سابق)، ص١٩٧

(٢) د. صلاح زين الدين ، **الملكية الصناعية والتجارية** (مرجع سابق) ، ص١٢١

ثانيا/ التزامات المرخص :-

١- تمكين المرخص له من استغلال الاختراع على الوجه الأمثل .

٢- ضمان أية عيوب خفية أو أي تعرض أو اعتداء يمنع المرخص لـه مـن استغلال ذلك الاختراع .

المبحث الثالث

التراخيص الإجبارية لبراءة الاختراع :

ذكرنا بأن صاحب البراءة يكون له الحق في احتكار استغلال اختراعه ومنع الغير من ذلك الاستغلال أو الاستعمال للاختراع . إلا أن هـذا الحـق الشخصي يجب ألا يتعارض مـع المصلحة العامـة والتي تتطلب أن تظهـر الاستفادة من هذا الاختراع إلى حيز الوجود حتى يتمتع المجتمع بما يحققه ذلك الاختراع من فائدة ونمو ، مما يدعو إلى أن يكون هـذا الاستغلال مـن قبل مالك البراءة استغلالا فعالا وكافيا لتحقيـق احتياجـات الدولـة والتي كانت هي الغاية الرئيسة من منح البراءة عن هذا الاختراع فإن لم يتمكن صاحب البراءة من استغلال الاختراع على هـذا الوجـه أو توقـف عـن ذلك الاستغلال دون أن يمنح حتى شخصا غيره الحق باستغلال البراءة على النحو المطلوب فعندئذ يتطلب الأمر تدخل الدولة في هذا الأمر من خلال تقـديم المصلحة العامة على المصالح الشخصية وذلك مـن خـلال إصـدار الرخصـة الإجبارية لمصلحة الدولة أو من تمنحه امتيازا باستغلال ذلك الاختراع .

لذا فقد حدد قانون براءات الاختراع رقم (٣٢) لسنة (٩٩)[١] **حصرا** الحالات التي يجوز منح الرخصة الإجبارية فيها للدولة أو لمن تعطيه امتيازا بذلك دون الحاجة للحصول على موافقة مالك البراءة وهي :

١- إذا كان استخدام الجهات الحكومية أو الغير الحاصل على امتياز منها باستخدام البراءة هو ضرورة للأمن القومي أو الحالات الطارئة أو لأغراض منفعة عامة غير تجارية، مع مراعاة أن يتم تبليغ مالك البراءة بذلك الترخيص متى أصبح ذلك ممكنا .

٢- إذا انقضت **ثلاث سنوات** من تاريخ منح البراءة **أو أربع سنوات** من تاريخ إيداع طلب التسجيل أيهما تنقضي **مؤخرا** دون أن يكون صاحب البراءة قد استغلها أو كان استغلاله لها غير كافي. إلا أنه يجوز منح مدة إضافية لمالك البراءة لاستغلال اختراعه إذا اقتنع وزير الصناعة والتجارة أن هناك أسبابا خارجة عن إرادة صاحب البراءة حالت دون استغلاله لهذه البراءة خلال مدة الثلاث سنوات .

وقد اعتبر المشرع استيراد المنتجات موضوع هذه البراءة إلى المملكة شكلا من أشكال استغلالها[٢].

٣- إذا مارس مالك البراءة حقوقه على نحو يمنع الغير من المنافسة المشروعة وتقرر ذلك قضائيا أو إداريا .

---

(١) **م (٢٢) من القانون** (تم تحديد هذه الحالات على سبيل الحصر بموجب قانون براءات الاختراع المؤقت المعدل رقم (٧١) لسنة ٢٠٠١)

(٢) **م(٢٢/ب/٢)** قانون براءات الاختراع رقم (٣٢) لسنة ٩٩

شروط منح الترخيص الإجباري :

لقد توافقت الشروط التي نص عليها المشرع الأردني في قانون براءات الاختراع[1] مع متطلبات كل من اتفاقية باريس وتريبس ، وتتضمن الشروط التي نص عليها المشرع الأردني والتي يجب مراعاتها عند إصدار الترخيص الجبري :

١- أن يبت في طلب استخدام الترخيص وفقا لظروف هذا الطلب وفي كل حالة على حدة .

٢- أن يكون طالب الترخيص قد حاول الحصول على ترخيص اختياري من مالك البراءة لاستغلالها **بأسعار وشروط معقولة** ولكنه لم يتوصل معه إلى اتفاق خلال فترة زمنية معقولة . فهنا لا بد حتى يستطيع الطالب من الحصول على ذلك الترخيص الإجباري أن يكون قد بذل جهدا في إقناع مالك البراءة لاستغلالها بعد أن يكون قد عرض على المالك شروطا معقولة وسعرا يتناسب مع القيمة الاقتصادية لذلك الاختراع.

إلا أنه يلاحظ هنا أن المشرع لم يحدد معيار مدى معقولية تلك الشروط التي عرضها الطالب على المالك ، وأعطى سلطة تقدير مدى معقوليتها لوزير الصناعة والتجارة. وهذا الشرط يتطلب في حالة منح الترخيص الإجباري لعدم الاستغلال أو عدم كفاية الاستغلال كما أوردنا مسبقا في حالات منح الترخيص الإجباري.

٣- أن يقتصر نطاق ومدة استخدام الترخيص على الغرض الذي منح من أجله .

---

(١) م (٢٣) قانون براءات الاختراع رقم (٣٢) لسنة ٩٩ .

٤- ألا يكون الترخيص باستغلال البراءة حصرا على من منح له . إذ أن الغاية من منح الترخيص الإجباري هي لتحقيق المنفعة العامة واستفادة المجتمع من ذلك الاختراع فلا يمكن أن نجرد المالك من حقه في احتكار براءته ثم نجعلها حكرا لمن حاز على الترخيص .

٥- لا يجوز لمن حصل على الترخيص التنازل عنه للغير .

٦- أن يكون منح الترخيص بهدف الوفاء باحتياجات السوق المحلية . ويطبق هذا الشرط في حالة منح الرخصة بقرار قضائي أو إداري بسبب حرمان الغير من المنافسة المشروعة .

٧- أن يتم منح صاحب البراءة تعويضا عادلا تراعى فيه القيمة الاقتصادية للاختراع .

وقد ترك القانون صلاحية منح الترخيص الإجباري لوزير الصناعة والتجارة بناء على طلب الترخيص المقدم للوزير من طالب الترخيص ضد مالك البراءة . بحيث يجوز الطعن في أي قرار يصدره الوزير بالترخيص أو التعويض الذي يتوجب على طالب الترخيص دفعه لمالك البراءة خلال ستين يوما من تاريخ تبليغه لذوي الشأن لدى محكمة العدل العليا[1] .

---

(١) م (٢٢) **قانون براءات الاختراع** رقم (٣٢) لسنة ٩٩ .

المبحث الرابع

من لهم الحق في طلب براءة الاختراع بموجب القانون الأردني :

إن الاختراع هو الثمرة التي يقطفها المخترع من الزرع الذي بذل فيه جهدا ماديا و/أو ذهنيا قد يكون استغرق فترة طويلة من الزمن، وهذا الاختراع قد يكون ناتج فكر وجهد شخصي للمخترع أو لعدة مخترعين عملوا معا لإنجاز هذا الابتكار، كما أن هذا الاختراع قد يكون الثمرة التي انتظر صاحب العمل جنيها بعد أن وفر الأيدي العاملة التي تسعى وتتطلع لإنجاز ذلك الاختراع وما وفره لهم من أموال أو معدات. لذا كان لا بد من تحديد الأحقية في طلب الحصول على البراءة منعا لإثارة أية إشكالات قد تنشأ عن ذلك العمل المشترك، فيكون الحق في الحصول على البراءة على النحو التالي:

١- للمخترع الأصلي أو لمن تؤول له ملكية البراءة .

٢- إذا تعدد المخترعون لنفس الاختراع فيكون لهم الحق جميعا شراكة وبالتساوي في منح البراءة إن لم يتفقوا على غير ذلك ، هذا إذا كان التوصل لهذا الاختراع نتيجة عمل مشترك بينهم .

أما إذا توصل لنفس الاختراع عدة أشخاص يستقل كل منهم عن الآخر فيكون الحق في الحصول على البراءة للأسبق منهم في إيداع طلبه لدى المسجل .

٣- لصاحب العمل إذا كان الاختراع الذي توصل إليه العامل أثناء استخدامه يتعلق بأنشطة صاحب العمل او أعماله او إذا استخدم العامل في سبيل

التوصل الى هذا الاختراع خبرات صاحب العمل او أعماله او معلوماته او أدواته او مواده الموضوعة تحت تصرفه إلا إذا اتفق الطرفان على خلاف ذلك خطيا.

٤- للعامل إذا كان الاختراع الذي توصل إليه لا يتعلق بأنشطة صاحب العمل او أعماله ولم يستخدم في سبيل التوصل الى هذا الاختراع خبرات صاحب العمل او معلوماته او أدواته او مواده الأولية الموضوعة تحت تصرفه في التوصل لهذا الاختراع إلا إذا اتفق على خلاف ذلك خطيا.

المبحث الخامس

مدة حماية الاختراع :

على الرغم من أن المشرع الأردني وفر للاختراع مدة حماية مناسبة تستمر عشرون عاما من تاريخ إيداع طلب تسجيل الاختراع ، إلا أن هذه الحماية لا تزال غير متفقة إلى الحد المطلوب في الاتفاقيات الدولية والمتطلبات الدولية لحماية الاختراع والتي تجعل من هذه المدة قابلة للتمديد ، وهذا ما حاد عنه المشرع عندما وضع قانون براءات الاختراع إذ أن هذه المدة القانونية غير منصفة لصاحب البراءة ومن الأفضل أن تكون قابلة للتمديد أو التجديد لما يؤديه ذلك من تحقيق فعال لبسط الحماية المناسبة للاختراع وتشجيع على تنمية روح الإبداع والابتكار . وأن تحسب مدة هذه الحماية من تاريخ منح البراءة عن الاختراع لا من تاريخ تقديم طلب تسجيل الاختراع نظرا لما قد تستغرقه إجراءات التسجيل من وقت طويل في بعض الأحيان .

وقد منح القانون المخترع الذي يرغب في عرض اختراعه في أي معرض رسمي أو معترف به رسميا يقام داخل المملكة أو خارجها أو نشر أوصاف

ذلك الاختراع خلال إقامة المعرض إذا ما أراد القيام بذلك العرض أو النشر قبل تقدمه بطلب الحصول على براءة عن هذا الاختراع أن يحصل على حماية مؤقتة لاختراعه بموجب شهادة حماية مؤقتة لهذا الاختراع تكفل له جميع الحقوق المترتبة لهذا المخترع كما لو كان قد حصل على براءة الاختراع تماما، إلا أن مدة هذه الحماية تكون لمدة لا تتجاوز **الستة أشهر** من تاريخ افتتاح المعرض[١] .

المبحث السادس

حالات انقضاء الحق في براءة الاختراع :

تنقضي براءة الاختراع وما يترتب عليها من حقوق لصاحبها أو حائزها عند تحقق أي من الحالات التالية[٢] :

١- انتهاء مدة حماية براءة الاختراع المحددة وفقا لأحكام القانون .

٢- صدور حكم قطعي ببطلان البراءة من قبل الجهة القضائية المختصة . حيث أن المادة **(٣٠/ج)** من قانون براءات الاختراع تعطي الحق لأي شخص اللجوء **لمحكمة العدل العليا** للحصول على حكم منها بإبطال البراءة التي تم منحها بصورة مخالفة للقانون . وفي هذه الحالة يجب على مسجل الاختراعات شطب البراءة التي صدر بحقها حكم الإبطال من سجل الاختراعات .

٣- التخلف عن دفع الرسوم السنوية المقررة وما يترتب عليها من مبالغ

---

(١) م **(٤١)** **نظام براءات الاختراع** رقم (٩٧) لسنة ٢٠٠١

(٢) م **(٣٠)** **قانون براءات الاختراع** رقم (٣٢) لسنة ٩٩

إضافية بعد انقضاء ستة أشهر من تاريخ استحقاقها .

٤- يجوز للمسجل من تلقاء نفسه أن يقوم بشطب البراءة إذا تبين له أنها منحت بصورة مخالفة للشروط المطلوبة قانونا . بحيث يكون قراره بشطب البراءة في هذه الحالة قابلا للطعن أمام محكمة العدل العليا ويبقى الاختراع محميا إلى حين صدور قرار المحكمة .

المبحث السابع

الرسوم المستوفاة عن طلبات تسجيل الاختراع

وما يتفرع عنها من إجراءات(١) :

١- تقديم طلب تسجيل الاختراع **٥٠ دينار .**

٢- عن الاعتراض على قبول طلب التسجيل (يدفعها المعترض عليه) ١٠٠ دينار .

٣- طلب تمديد مدة تقديم الاعتراض (عن كل اختراع) ١٠ دنانير .

٤- إشعار إيداع اللائحة الجوابية المقدمة من طالب التسجيل ١٠ دنانير .

٥- تقديم وكيل المعترض للبينات المؤيدة لاعتراضه (عن كل مرة) ١٠دنانير .

٦- تقديم وكيل المعترض عليه للبينات المؤيدة لطلب التسجيل (عن كل مرة) ١٠ دنانير .

---

(١) **الملحق الأول لنظام براءات الاختراع** رقم (٩٧) لسنة ٢٠٠١

٧- عن كل طلب لعقد جلسة تتعلق بـالاعتراض عـلى طلب التسـجيل ١٠ دنانير.

٨- سماع أقوال طالب التسجيل بناء على طلبه ١٠ دنانير .

٩- رسم منح البراءة ٥٠ دينار .

١٠- الرسم السنوي للمحافظة على تسجيل الاختراع ٥٠ دينار .

١١- رسم طلب الحصول على رخصة إجبارية ٢٠٠ دينار .

١٢- تغيير اسم مالك البـراءة أو مكـان أو أمـاكن التبليـغ المدونـة في سجل الاختراعات (عن كل براءة) ١٠ دنانير .

١٣- طلب تسجيل نقل ملكية براءة الاختراع ٥٠ دينار .

١٤- طلب تغيير اسم صاحب البـراءة دون تغيير ملكيـة البـراءة (عـن كـل طلب) ١٠ دنانير .

١٥- طلب تصحيح الخطأ الكتابي ١٠ دنانير .

١٦- إضافة أو تغيير أو إلغاء قيد أو جزء من قيد لبراءة الاختراع مـن سـجل الاختراعات بناء على طلب صاحب البراءة ٢٠ دينار .

١٧- رسم التسجيل في سجل وكلاء تسجيل الملكية الصناعية ٥٠٠ دينار .

١٨- رسم تجديد التسجيل في سجل وكلاء الملكية الصناعية ٥٠٠ دينار .

١٩- عن أي طلب آخر ١٠ دنانير .

الباب الثالث

الرسوم الصناعية والنماذج الصناعية

سيتم تخصيص هذا الباب للحديث عـن الرسـوم والنماذج الصناعية وفقا للموضوعات التالية :

- الفصل الأول : مفهوم الرسوم والنماذج الصناعية وشروطها.

  المبحث الأول : تعريف الرسم والنموذج الصناعيان .

  المبحث الثاني : أهمية الرسوم والنماذج الصناعية .

  المبحث الثالث : شروط الرسوم والنماذج الصناعية .

- الفصل الثاني : تسجيل الرسوم والنماذج الصناعية .

  المبحث الأول : إجراءات تسجيل الرسوم والنماذج الصناعية .

  المبحث الثاني : مـن لهـم الحـق في تسـجيل الرسـم الصناعي أو النموذج الصناعي.

  المبحـث الثالـث : مـدة الحمايـة القانونيـة للسـم أو النمـوذج الصناعي .

  المبحث الرابع : الرسوم المستوفاة عن تسجيل الرسـم أو النمـوذج الصناعيين .

مفهوم الرسوم والنماذج الصناعية وشروطها

المبحث الأول

تعريف الرسوم والنماذج الصناعية :

فقها : الرسـم الصـناعي هـو : " ترتيـب للخطـوط يسـتخدم لإعطـاء السلع أو المنتجات رونقا جميلا أو شكلا جذابا يميزها عن غيرها من السـلع أو المنتجات المتماثلة " [١]

أما النموذج الصناعي فيعرف بأنه : " شكل السـلعة أو الإنتـاج ذاتـه " [٢] وقد عرفهما د. صلاح الـدين النـاهي بـأنهما: " مجموعـة مـن الأشكـال والألوان ذات طابع فني خاص، يتم تطبيقهما على السـلع والمنتجات عند صنعها لإضفاء الجمال عليها وبالتالي جذب الزبائن لشرائها وتفضيلها علـى مثيلاتها للرسوم التي تزينها أو للنماذج التي تفرغ فيها". [٣]

دوليا :

• أما اتفاقية (TRIPS) فقد أوردت الرسوم والنماذج الصناعية تحت مسمى " التصميمات الصناعية " .

---

(١) د.سميحة القليوبي ، **الملكية الصناعية** (مرجع سابق) ، ص٢٠٧

(٢) د.سميحة القليوبي ، **الملكية الصناعية** (مرجع سابق) ، ص٢٠٨

(٣) د.صلاح الدين الناهي ، المرجع السابق ، ص٢١٠.

قانونا :

• المادة الثانية من قانون الرسوم الصناعية والنماذج الصناعية الأردني رقم (١٤) لسنة ٢٠٠٠ عرفت النموذج الصناعي بأنه : " كل شكل مجسم سواء ارتبط بخطوط أو ألوان أو لم يرتبط يعطي مظهرا خاصا يمكن استخدامه لأغراض صناعية أو حرفية " .

أما الرسم الصناعي فقد عرفته المادة ذاتها بأنه : " أي تركيب أو تنسيق للخطوط يضفي على المنتج رونقا أو يكسبه شكلا خاصا سواء تم ذلك باستخدام الآلة أو بطريقة يدوية بما في ذلك تصاميم المنسوجات " .

بالتالي قد يستخدم الرسم الصناعي آليا كما في الآلات الصناعية ، أو يدويا كما هو الحال في الزركشة والتطريز ، وقد يستخدم بصورة كيماوية كالصباغة ، أو بالحفر على السلع ذاتها ، وقد يكون ذلك الاستخدام بالنقش عن طريق وضع الرسوم على الأثاث والتحف .

المبحث الثاني

أهمية الرسوم والنماذج الصناعية :

تظهر أهمية وضرورة الرسوم والنماذج الصناعية في كونهما الوسيلة التي يستخدمها الشخص أو المنشأة المسجلة باسمه لغايات تمييز البضائع والمنتجات التي ينتجها عن غيرها من البضائع والمنتجات ، مما يؤدي إلى نتيجة هامة جدا وهي تحقيق الربح المطلوب للصانع أو المنتج جراء رواج تلك البضائع . كما تعمل على تعريف جمهور المستهلكين بتلك المنتجات حيث أن المستهلك قد يفضل سلعة على أخرى نظرا لجودتها أو للمواد الأولية الداخلة

في تكوينها مما يؤدي بالتالي إلى إدراكهم وتمييزهم للسلع التي يشترونها وإقبالهم عليها بالتالي بثقة واطمئنان .

لذا نرى بأن للرسوم والنماذج الصناعية دور فعال في حماية وتحقيق مصلحة كل من المنتج والمستهلك في ذات الوقت،علاوة على دورها الكبير في مجال المنافسة المشروعة.

المبحث الثالث

شروط الرسوم والنماذج الصناعية :

نص المشرع الأردني على شروط لابد من توافرها في الرسم الصناعي أو النموذج الصناعي حتى يمكن تسجيله[1] :-

الشرط الأول : أن يكون الرسم الصناعي أو النموذج الصناعي جديدا (الجدة)

أي أن يكون الرسم أو النموذج الصناعي له طابع خاص به يميزه عن غيره من الرسوم والنماذج المشابهة . أي ألا يكون الرسم أو النموذج الصناعي منقولان عن رسم أو نموذج سابق .

فالمطلوب هنا حتى يكون الرسم أو النموذج الصناعي جديدا أن يشكل في **مجموعه** شكلا جديدا مميزا حتى وإن كانت أجزاء تكوينه غير جديدة فلا يلزم في الرسم أو النموذج الصناعي الجدة المطلقة وإنما تكفي الجدة النسبية[2]. ومسألة تقدير مدى جدة الرسم أو النموذج الصناعي هي من

---

(١) **م (٤) قانون الرسوم الصناعية والنماذج الصناعية** رقم (١٤) لسنة ٢٠٠٠.

(٢) د.سميحة القليوبي، **القانون التجاري** (مرجع سابق)، ص ٢٥٥ .

المسائل التي يعود أمر الفصل بها إلى قاضي الموضوع وذلك وفقا لمعيار الخبير المعتاد في نوع السلع أو المنتجات التي تطبق عليها الرسوم والنماذج الصناعية[١].

كذلك يجب حتى يعتبر الرسم والنموذج الصناعي جديدان ألا يكون قد تم الكشف عنهما للجمهور بأي وسيلة إلا إذا كان هذا الكشف قد تم خلال **اثني عشر شهرا** تسبق إيداع طلب التسجيل في المملكة بسبب الطالب (مثل الإفصاح عنهما في مؤتمر أو محاضرة) أو فعل غير محق من الغير (كأن يتجسس شخص على صاحب الرسم أو النموذج ويكشف عنه للجمهور) .

الشرط الثاني : أن يكون قد تم ابتكارهما بصورة مستقلة

أي ألا يكون المبتكر قد اعتمد في ابتكاره لهذا الرسم أو النموذج الصناعي على رسم أو نموذج كان قد ابتكره شخص ما قبله وإنما توصل إليه بناء على تفكيره وإبداعه الذاتي والمستقل . مما يجعل من عنصر الابتكار عنصرا جوهريا في الرسم والنموذج الصناعي لما يضفيه من مظهر خارجي للمنتجات والسلع يؤثر في شعور المستهلك ويخاطب حاسة النظر لديه[٢].

ويدفعنا الحديث عن صفة الابتكار للحديث عن حالة فيما إذا نتج عن هذه الصفة اختراع يتلازم مع الرسم أو النموذج الصناعي من حيث الموضوع والشكل وفي هذه الحالة تقتصر حماية الابتكار على الناحية الموضوعية دون الناحية الشكلية وذلك عن طريق منح براءة اختراع وليس شهادة رسم أو

---

(١) انظر في ذلك د.صلاح زين الدين ،**الملكية الصناعية والتجارية** (مرجع سابق)، ص ٢١٣.

(٢) د.محمد حسني عباس ،**الملكية الصناعية والمحل التجاري** (مرجع سابق) ، ص ٢٤٥ .

نموذج صناعي عـن هـذا الابتكـار فـترجح عـلى هـذا الابتكـار صـفة الاختراع على صفة الرسم أو النموذج الصناعي وذلك طالما كان يتعذر فصل الشكل عن الموضوع دون زوال الفائدة الصناعية أو نقصانها بشكل كبير ، أما إذا كان بالإمكان الفصل بين موضوع ذلك الابتكار وشكله دون ضياع الفائدة الصناعية على نحو يمكن من خلاله توفير حماية مزدوجة لـذلك الابتكار فعندئذ يمنح ذلك الابتكار براءة اختراع عن موضوعه وشهادة رسم أو نموذج صناعي عن شكله[1].

الشرط الثالث : المشروعية

أي أن يكون الرسـم أو النمـوذج الصناعي لا يوجـد بـه مـا يخـالف القانون أو ينافي النظام العام أو الآداب العامة أو المصلحة العامة[2]. وسلطة تحديد ذلك ترجع للمسجل عند تقديم طلب التسجيل لـذلك الرسـم أو النموذج الصناعي .

الشرط الرابع : قابليتهما للتطبيق الصناعي :-

أي أن يقتصر استخدام الرسـم الصناعي أو النمـوذج الصناعي عـلى المجال الصناعي بأن يكون معدا لغايات تطبيقه مباشرة في صنع المنتجـات بحيث يندمج في المنتجات التي يطبق عليها كهياكل السيارات أو الطائرات والمفروشات والرسوم والنقوش الموجودة على السجاد والمنسوجات

---

(١) انظر في ذلك د.صلاح زين الدين ،الملكية الصناعية والتجارية (مرجع سابق)، ص ٢١٥ وما بعدها .

(٢) م (٤/د) قانون الرسوم الصناعية والنماذج الصناعية رقم (١٤) لسنة ٢٠٠٠ .

والمجوهرات... الخ[1] ، بالتالي لا يمكن اعتبار الرسوم والنماذج المطبوعة على الكتالوجات والإعلانات لغايات الترويج ونماذج المباني والمنشآت رسما أو نموذجا صناعيا[2] فلا تخضع للحماية القانونية حسب قانون الرسوم والنماذج الصناعية على أنه يمكن حمايتها بموجب قوانين الملكية الأدبية والفنية[3] .

---

(١) د.صلاح زين الدين ، **الملكية الصناعية والتجارية** (مرجع سابق) ، ص٢١١ .

(٢) د.سميحة القليوبي ، **الملكية الصناعية** (مرجع سابق) ، ص٢١٨ .

(٣) د.سميحة القليوبي ، **الملكية الصناعية** (مرجع سابق) ، ص ٢١٩ .

تسجيل الرسوم الصناعية والنماذج الصناعية

المبحث الأول

إجراءات التسجيل والوثائق المطلوبة :

يتم تسجيل الرسوم الصناعية والنماذج الصناعية لدى مسجل الرسوم الصناعية والنماذج الصناعية في وزارة الصناعة والتجارة في سجل خاص يسمى (سجل الرسوم الصناعية والنماذج الصناعية) يتضمن جميع البيانات المتعلقة بالرسوم الصناعية والنماذج الصناعية وأسماء مالكيها وعناوينهم وما طرأ على هذه الرسوم والنماذج الصناعية من إجراءات وتصرفات قانونية وأي تحويل أو تنازل أو نقل ملكية أو ترخيص ممنوح من مالك الرسم أو النموذج للغير باستعمالها ، وكذلك أي رهن أو حجز يوقع على الرسم أو النموذج أو أي قيد على استعمالها . عمليا يقوم قسم الرسوم الصناعية والنماذج الصناعية في وزارة الصناعة والتجارة بتنظيم هذا السجل من خلال أجهزة الحاسوب.

وقد سمح القانون لأي شخص الاطلاع على ما ورد في هذا السجل من بيانات[1].

---

(١) م (٣/ب) قانون الرسوم الصناعية والنماذج الصناعية رقم (١٤) لسنة ٢٠٠٠ .

-١٢١-

يتم تسجيل الرسم أو النموذج الصناعي بإيداع طلب التسجيل لدى المسجل على النموذج المعد لذلك بحيث يتم بيان نوع المنتج وإرفاق الرسومات والصور الفوتوغرافية والبيانات الإيضاحية التي تمثل الرسم أو النموذج الصناعي وذلك من خلال إرفاق الوثائق والمستندات التالية مع طلب التسجيل[1] مترجمة إلى اللغة العربية إذا كانت باللغة الإنجليزية وباللغة العربية والانجليزية إذا كانت بلغة أخرى[2] :

١- ثلاث نسخ من المخططات التوضيحية للرسم الصناعي او النموذج الصناعي.

٢- نوع المنتج المتعلق بالرسم الصناعي او النموذج الصناعي .

٣- الصنف او الأصناف المراد تسجيل الرسم أو النموذج الصناعي من اجلها.

٤- صورة عن شهادة تسجيل الشركة او المؤسسة او عقد التأسيس - حسب مقتضى الحال - اذا كان طالب التسجيل شخصا معنويا .

٥- إذا لم يكن طالب التسجيل هو المبتكر فلا بد من تقديم المستند الذي يثبت حقه في الرسم الصناعي او النموذج الصناعي.

٦- سند الوكالة مصدق حسب الأصول .

٧- صورة عن الطلب السابق والمستندات المرفقة به وشهادة تبين تاريخ تقديمه ورقم إيداعه والدولة التي أودع فيها ، إذا كان الطلب يتضمن ادعاء بحق الأولوية في التسجيل.

٨- الشهادة الصادرة بالحماية المؤقتة للرسوم الصناعية او النماذج الصناعية التي تعرض في المعارض الرسمية - ان وجدت - .

---

(١) م(١١) **نظام الرسوم الصناعية والنماذج الصناعية** رقم (٥٢) لسنة ٢٠٠٢.

(٢) م(١٣) **نظام الرسوم الصناعية والنماذج الصناعية** رقم (٥٢) لسنة ٢٠٠٢.

٩- ملخص مستقل عن الطلب لغايات نشره في الجريدة الرسمية يصف جدة الرسم الصناعي او النموذج الصناعي بما لا يزيد على مائتي كلمة ، على ان يشمل ما يلي :

أ- اسم المبتكر وطالب التسجيل اذا كان غير المبتكر وعنوان كل منهما .

ب- صورة عن افضل شكل من اشكال الرسومات التوضيحية ذات العلاقة بالرسم الصناعي او النموذج الصناعي .

جـ- بيانات تصف نوع المنتج المتعلق بالرسم الصناعي او النموذج الصناعي وكذلك الصنف او الأصناف المراد تسجيل الرسم أو النموذج الصناعي من اجلها.

وهنا يحق لمسجل الرسوم الصناعية والنماذج الصناعية في وزارة الصناعة والتجارة إذا ما وجد أي نقص في البيانات أو الوثائق المطلوبة (باستثناء الوثائق الواردة في البنود ٣،٢،١،٩) إمهال طالب التسجيل مهلة **ستون يوما** لاستكمالها ، فإذا لم يقم بإكمال ذلك النقص فيحق للمسجل اتخاذ قرار يقضي باعتبار طالب التسجيل متنازلا عن طلبه[1] . بحيث يكون قراره هذا قابلا للاستئناف لدى **محكمة العدل العليا خلال ستين يوما** من تاريخ تبلغه بهذا القرار[2] .

ونرى من خلال استعراض المادة الثامنة من قانون الرسوم الصناعية والنماذج الصناعية رقم (١٤) لسنة ٢٠٠٠ بأنها كفلت الحق لطالب التسجيل الذي كان قد تقدم بطلب سابق لتسجيل الرسم أو النموذج الصناعي الذي يملكه لدى مسجل الرسوم الصناعية والنماذج الصناعية في الأردن أو لدى أية

(١) م(١٢) **نظام الرسوم الصناعية والنماذج الصناعية** رقم (٥٢) لسنة ٢٠٠٢.

(٢) م (٧/ب) **قانون الرسوم الصناعية والنماذج الصناعية** رقم (١٤) لسنة ٢٠٠٠ .

دولة ترتبط مع المملكة باتفاقية لحماية الملكية الصناعية ولم يسجل ذلك الاختراع بسبب سحب الطلب أو تركه أو رفضه **حق أولوية** في تسجيل رسمه أو نموذجه الصناعيين على غيره ، كما يكفل هذا الحق لمن سجل رسما أو نموذجا صناعيا لدى إحدى الدول الموقعة أو الملتزمة باتفاقية باريس لحماية الملكية الصناعية أن تكون له أولوية على غيره في تسجيل ذلك الرسم أو النموذج الصناعيين لدى أي دولة أخرى موقعة أو ملتزمة بنفس الاتفاقية إذا ما طلب صاحب حق الأولوية منحه ذلك الحق بحيث يعتبر تاريخ إيداع طلب التسجيل هو تاريخ إيداع الطلب السابق (الطلب الأول) .

على أن طالب حق الأولوية حتى يستطيع التمسك به فيجب أن يكون قد أودع طلب التسجيل اللاحق خلال **ستة أشهر** من اليوم التالي لتاريخ تقديمه للطلب السابق وإذا كان اليوم الأخير من الميعاد يوم عطلة رسمية فيمتد الميعاد إلى أول يوم عمل ، وبالتالي يكون ذلك الرسم أو النموذج الصناعي قد اكتسب حماية قانونية ليس فقط في الدولة التي سجلا بها وإنما في سائر الدول الموقعة أو الملتزمة باتفاقية باريس طوال فترة الستة أشهر اللاحقة لتقديم الطلب السابق لتسجيل ذلك الرسم أو النموذج الصناعي .

ونجد هنا بأن المشرع الأردني قد تقيد بنصوص اتفاقية باريس للملكية الصناعية[1] (والتي تعتبر موادها من (١-١٢) **والمادة (١٩)** منها ملزمة للدول الأعضاء في منظمة التجارة العالمية بموجب المادة (١/٢) من اتفاقية (TRIPS) من حيث تحديد المدد اللازم تقديم الطلب اللاحق خلالها سواء فيما يتعلق ببراءة الاختراع أو الرسوم والنماذج الصناعية .

ويحق للمسجل أن يكلف من يقدم طلب الأولوية بتقديم صورة طبق

ــــــــــــــــــــ
(١) ارجع : م (٤/ج) اتفاقية باريس لحماية الملكية الصناعية .

الأصل عن الطلب الذي سبق إيداعه خلال فترة معينة يمكن تحديدها بالرجوع إلى المادة **(٣/د/٤)** من اتفاقية باريس بثلاثة شهور من تاريخ إيداع الطلب اللاحق .

إذا تبين للمسجل أن طلب تسجيل الرسم أو النموذج الصناعي قد استوفى كافة الشروط والبيانات المطلوبة فيه قانونا يقوم بتوجيه إخطار الى طالب التسجيل يكلفه فيه بدفع النفقات اللازمة للفحص الموضوعي المتعلق بالرسم الصناعي او النموذج الصناعي خلال مدة لا تزيد على ستين يوما من تاريخ تبلغه ذلك الإخطار ، فإذا دفعها خلال تلك المدة يحال الطلب للفحص الموضوعي وإلا اعتبر الطلب كأن لم يكن ، ويتم تسجيل ذلك في السجل[١] .

بعد إجراء الفحص الموضوعي إذا تبين للمسجل أن طلب تسجيل الرسم الصناعي أو النموذج الصناعي قد استوفى كافة الشروط القانونية الشكلية منها والموضوعية فيصدر قرارا بقبول ذلك الطلب ويستوفي الرسم المقرر ، ثم يقوم بإعلان قراره هذا بقبول الطلب في الجريدة الرسمية . ويكون للغير الحق في الاعتراض على تسجيل ذلك الرسم أو النموذج الصناعي خلال **تسعين يوما** من تاريخ النشر[٢] . فإذا انقضت المدة المحددة للاعتراض على قرار التسجيل دون اعتراض أي شخص على قبول تسجيل ذلك الرسم أو النموذج الصناعي فيتخذ المسجل قرارا نهائيا بتسجيله ويمنح الطالب شهادة تفيد بحقه في ملكية ذلك الرسم أو النموذج الصناعي بعد استيفاء الرسم القانوني عن هذه الشهادة والتي يجب أن تشتمل على البيانات التالية :

١- رقم الطلب وتاريخ إيداعه .

---

(١) م(١٨) **نظام الرسوم الصناعية والنماذج الصناعية** رقم (٥٢) لسنة ٢٠٠٢.

(٢) م (٦) **قانون الرسوم الصناعية والنماذج الصناعية** رقم (١٤) لسنة ٢٠٠٠ .

٢- رقم طلب الأولوية وتاريخه والدولة التي قدم فيها الطلب السابق في حال استناد طلب تسجيل الرسم الصناعي او النموذج الصناعي الى هذه الأولوية .

٣- اسم المبتكر .

٤- اسم مالك الرسم الصناعي او النموذج الصناعي وجنسيته وعنوانه .

٥- المخططات التوضيحية المتعلقة بالرسم الصناعي او النموذج الصناعي لغايات قيدها في السجل .

٦- تصنيف الرسم الصناعي او النموذج الصناعي.

٧- رقم قيد شهادة تسجيل الرسم الصناعي او النموذج الصناعي في السجل.

٨- تاريخ اصدار شهادة تسجيل الرسم الصناعي او النموذج الصناعي .

٩- مدة الحماية وتاريخ بدئها ونهايتها .

١٠- بيان دفع الرسوم .

وبعد حصول الطالب على شهادة رسمية بتسجيل مبتكره تترتب له عدة حقوق على ذلك الرسم أو النموذج الصناعي :

١- فيستطيع استغلاله بكافة وسائل الاستغلال المشروعة

٢- ويكون له حق حمايته بمنع الغير الذي لم يحصل على موافقة منه لاستغلاله لأغراض تجارية من صنع منتجات تحمل ذلك الرسم أو النموذج الصناعي أو جزء منه أو استيراد أو تصدير أو بيع هذه المنتجات.

٣- كما يستطيع التنازل عن ملكيته لذلك الرسم أو النموذج الصناعي أو نقل ملكيته كليا أو جزئيا للغير . فإن كان تصرفه فيه كليا فتنتقل بهذا

التصرف ملكية الرسم أو النموذج الصناعي إلى المتصرف له (المتنازل له) بصورة كلية فلا يستطيع بعد ذلك المتصرف أن يتنازل عن الرسم أو النموذج مرة أخرى لاستعماله في صناعة مماثلة أو صناعة أخرى ، أما إذا كان التصرف بالرسم أو النموذج الصناعيين جزئيا فيكون ذلك التنازل قد تم من قبل صاحب الرسم أو النموذج عن حقوقه على ذلك الرسم أو النموذج لمدة محددة أو في منطقة معينة أو لاستعماله في سلعة معينة وبالتالي يجوز للمتصرف أن يباشر حقوقه على ذلك الرسم أو النموذج وفقا للاتفاق المبرم بينه وبين المتنازل إليه[1] .

إلا أنه إذا كان ذلك الرسم أو النموذج الصناعي من عناصر المحل التجاري فإن بيع المحل التجاري يشمل بالضرورة بيع الرسم أو النموذج الصناعي ما لم يرد في عقد البيع ما يقضي بغير ذلك[2] .

٤- إضافة إلى أنه من حق من سجل باسمه الرسم أو النموذج الصناعي منح ترخيص باستغلاله ورهنه ، ومقابل ذلك يجوز الحجز على أي منهما بحيث يتم نشر ذلك الحجز في الجريدة الرسمية .

إلا أن المشرع يشترط للاحتجاج بأي من تلك التصرفات أن يتم تسجيلها لدى المسجل ، فلا يحتج بأي منها إلا من تاريخ قيد ذلك التصرف في السجل .

ولا يفوتنا أن نذكر بأن الحق في ملكية الرسم والنموذج الصناعي تنتقل إلى الورثة مع سائر ما يترتب عليها من حقوق والتزامات بعد وفاة مالكه .

وقد أجاز المشرع لكل ذي مصلحة أن يتقدم بطلب لمسجل الرسوم

---

(١) د.سميحة القليوبي ، الملكية الصناعية (مرجع سابق) ، ص ٢٣٣ .

(٢) د.صلاح زين الدين ، الملكية الصناعية والتجارية (مرجع سابق) ، ص ٢٢٨ .

الصناعية والنماذج الصناعية لإبطال تسجيل الرسم أو النموذج الصناعي إذا كان مخالفا لأحكام القانون ، بحيث يتم تبليغ ذلك الطلب للمالك ويكون قرار المسجل المتعلق في ذلك الطلب قابلا للاستئناف بالطعن فيه أمام **محكمة العدل العليا خلال ستين يوما** من تاريخ تبليغه مع بقاء الحماية القانونية للرسم أو النموذج الصناعي المطلوب إبطالهما سارية ومستمرة إلى حين صدور قرار المحكمة[1] . ونجد بأن إبقاء المشرع على هذه الحماية المقررة للرسم أو النموذج الصناعي أمر ضروري لا بد منه وذلك حماية لحق صاحبه في منع الغير من الاعتداء عليه خلال النظر في الاستئناف المقدم لا سيما فيما إذا كان ذلك الإدعاء غير محق .

المبحث الثاني

من لهم الحق في تقديم طلب تسجيل الرسم الصناعي

أو النموذج الصناعي :

١- مبتكر الرسم أو النموذج الصناعي أو لمن تؤول له حقوق هذا الرسم أو النموذج .

٢- إذا اشترك مجموعة أشخاص في ابتكار الرسم أو النموذج بجهدهم المشترك فيتم تسجيله **شراكة بالتساوي** فيما بينهم ما لم يتفقوا على خلاف ذلك .

أما إذا نتج هذا الابتكار عن أكثر من شخص نتيجة جهد مستقل لكل منهم عن الآخر فيكون الحق في إيداع طلب التسجيل لهذا الرسم أو النموذج **للأسبق منهم في ذلك** .

---

(١) م **(١٣) قانون الرسوم الصناعية والنماذج الصناعية** رقم (١٤) لسنة ٢٠٠٠ .

٣- صاحب العمل إذا ابتكره العامل نتيجة تنفيذ عقد عمل يلتزم بموجبه ذلك العامل بإنجاز هذا الابتكار ما لم ينص العقد على غير ذلك وإلا فيكون الرسم أو النموذج الصناعي من حق العامل.

المبحث الثالث

مدة الحماية القانونية للرسم أو النموذج الصناعي :-

ينص قانون الرسوم الصناعية والنماذج الصناعية رقم (١٤) لسنة ٢٠٠٠ في مادته الحادية عشرة على أن الحماية القانونية الممنوحة للرسم أو النموذج الصناعي المسجلين تمتد إلى **خمس عشرة سنة** تبدأ من تاريخ إيداع طلب التسجيل لدى المسجل . ونرى هنا بأن المشرع الأردني قد راعى الحد الأدنى من متطلبات الحماية الدولية للرسم أو النموذج الصناعي والتي حددتها اتفاقية (TRIPS) **بعشر سنوات كحد أدنى** .

كما أن قانون الرسوم الصناعية والنماذج الصناعية الأردني في مادته الثانية عشر قد منح **حماية مؤقتة** لما يتم عرضه من مبتكرات للرسوم والنماذج الصناعية التي يتم عرضها في المعارض المقامة داخل أو خارج المملكة مراعيا وملتزما في ذلك بما جاء في نص المادة (١١) من اتفاقية باريس والتي نصت على :- " تمنح دول الاتحاد ، طبقا لتشريعها الداخلي ، حماية مؤقتة للاختراعات التي يمكن أن تكون موضوعا لبراءات ، وكذلك لنماذج المنفعة والرسوم أو النماذج الصناعية والعلامات الصناعية أو التجارية وذلك بالنسبة للمنتجات التي تعرض في المعارض الدولية الرسمية أو المعترف بها رسميا والتي تقام على إقليم أية دولة منها " .

المبحث الرابع

الرسوم الواجب استيفاءها عند تقديم طلب تسجيل الرسم الصناعي أو النموذج الصناعي وما يتفرع عنه من إجراءات وطلبات [1]:-

١- طلب تسجيل رسم صناعي او نموذج صناعي **٣٠ دينار**

٢- الاعتراض على قبول طلب التسجيل **١٠٠ دينار**

٣- طلب تمديد مدة تقديم الاعتراض عن رسم صناعي او نموذج صناعي **١٠ دنانير**

٤- إشعار ايداع لائحة جوابية ردا على إشعار الاعتراض من قبل مقدم الطلب لكل طلب معترض عليه **١٠ دنانير**

٥- تقديم وكيل الجهة المعترضة البينات المؤيدة للاعتراض عن كل مرة **١٠دنانير**

٦- تقديم وكيل الجهة المعترض عليها البينات المؤيدة لطلب التسجيل عن كل مرة **١٠ دنانير**

٧- عن كل طلب لعقد جلسة تتعلق بالاعتراض على طلب تسجيل رسم صناعي او نموذج صناعي يطلبها المعترض او المعترض عليه **١٠دنانير**

٨- سماع اقوال طالب تسجيل رسم او نموذج صناعي بناء على طلبه **١٠دنانير**

---

(١) **ملحق الرسوم الاول** الملحق بنظام الرسوم الصناعية والنماذج الصناعية رقم ١ لسنة ٢٠٠٢

٩- رسم اصدار شهادة تسجيل رسم صناعي او نموذج صناعي **٥٠ دينار**

١٠- طلب تغيير اسم مالك الرسم الصناعي او النموذج الصناعي او عنوانه او تغيير عنوان تبليغه **١٠ دنانير**

١١- طلب تسجيل نقل ملكية رسم صناعي او نموذج صناعي **٥٠ دينار**

١٢- رسم النسخة المصدقة عن كل قيد من قيود السجل او أي شهادة تسجيل او بيانات او تصاريح مشفوعة باليمين او غير ذلك من المستندات المحفوظة لدى المسجل **١٠ دنانير**

١٣- طلب تغيير اسم مالك رسم صناعي او نموذج صناعي مسجل عندما لا تتغير الملكية عن كل تسجيل **١٠ دنانير**

١٤- اضافة او تغيير او الغاء قيد او جزء من قيد للرسم او النموذج الصناعي من السجل بناء على طلب مالك الرسم او النموذج الصناعي **٢٠ دينار**

١٥- طلب تصحيح السجل **١٠ دنانير**

١٦- أي طلب آخر غير وارد في هذا الجدول **١٠ دنانير**

الباب الرابع

الأسماء التجارية

وسيتم تخصيص الباب الرابع للحديث عـن الأسـماء التجاريـة التي تعتبر ضرورة ملحـة وأمـرا لا يمكـن الاسـتغناء عنـه في الحيـاة التجاريـة نظرا لأهميتها في تمييـز المحـلات التجاريـة عـن بعضـها البعض :

- الفصل الأول : مفهوم الاسم التجاري ووظائفه.

  المبحث الأول : تعريف الاسم التجاري .

  المبحث الثاني : تكوين الاسم التجاري .

  المبحث الثالث : وظائف الاسم التجاري .

- الفصل الثاني : تسجيل الاسم التجاري .

  المبحث الأول : الأسماء التجارية التي لا يجوز تسجيلها .

  المبحث الثاني : شروط تسجيل الاسم التجاري.

  المبحث الثالث : إجراءات تسجيل الاسم التجاري .

  المبحث الرابع : الرسوم المستوفاة عن تسجيل الاسم التجاري..

مفهوم الاسم التجاري ووظائفه

المبحث الأول

تعريف الاسم التجاري :-

نبحث في بادئ الأمر وحتى يتضح للقارئ ما المقصود بالاسم التجاري ما أورده الفقه والقانون من تعريفات للاسم التجاري .

فقها: د . سميحة القليوبي عرفته بأنه : " الاسم الـذي يتخذه التـاجر لمحله التجاري لتمييزه عن غيره من المحال التجارية المماثلة " [1]

أما منير ومحمد الجنبيهي فقد عرفا الاسم التجاري بأنه "الاسم الـذي يستخدمه التـاجر في تمييز محلـه التجاري عـن بـاقي المحـلات التجاريـة الأخرى" [2]

قانونا: أما **المادة الثانية** من قانون الأسماء التجارية رقم (٢٢) لسنة ٢٠٠٣ فقد عرفت الاسم التجاري بأنه "الاسم الذي يختاره الشخص لتمييز محله التجاري عن غيره من المحلات والذي يتكون مـن تسمية مبتكرة أو من

---

(١) د.سميحة القليوبي ، **الملكية الصناعية** (مرجع سابق) ، ص ٣٤٥ .

(٢) منير وممدوح محمد الجنبيهي ، **العلامات والأسماء التجارية** ، دار الفكر الجامعي / الإسكندرية ٢٠٠٠م ، ص١٥٤ .

اسم الشخص أو لقبه أو منها جميعا ومع أي إضافة تتعلق بنوع التجارة او النشاط الذي يمارسه ."

قضائيا: محكمة التمييز الأردنية في قرارها رقم (٨٦/١٤) المنشور على الصفحة رقم (١٢٦٧) من عدد مجلة نقابة المحامين لسنة ١٩٨٨ عرفت الاسم التجاري بأنه :" ان الاسم التجاري هو الاسم واللقب المستعمل في اية تجارة سواء بصفة شركة عادية او بغير ذلك".

المبحث الثاني

تكوين الاسم التجاري :

نظرا لخلط الكثيرين بين الاسم التجاري والعنوان التجاري فلابد أولا من البحث في أوجه الاختلاف بين الاسم التجاري والعنوان التجاري والتي نذكر هنا أهمها:

١- الاسم التجاري هو تسمية مبتكرة يتخذها التاجر بقصد تمييز محله التجاري عن غيره وليس لتمييز التاجر عن غيره كما هو الحال في العنوان التجاري .

٢- الاسم التجاري يخضع لأحكام قانون الأسماء التجارية المؤقت رقم ٢٢ لسنة ٢٠٠٣ بينما يخضع العنوان التجاري لأحكام قانون التجارة رقم ١٢ لسنة ٦٦ .

٣- يعتبر الاسم التجاري عنصرا معنويا من عناصر المتجر ، بينما لا يعتبر العنوان التجاري أحد العناصر المعنوية للمتجر .

ورغم وجود ذلك الاختلاف بين الاسم والعنوان التجاريين إلا أن المشرع

الأردني قد خلط بينهما فلم يتحرى الدقة في التفريق بين الاسم التجاري والعنوان التجاري إلى أن قام الديوان الخاص بتفسير القوانين بإزالة هذا اللبس والخلط بموجب القرار التفسيري رقم (٧٠/١٠) والذي جاء فيه:"وبعد الاطلاع على كتاب وزير الاقتصاد الوطني الموجه لرئيس الوزراء بتاريخ ١٩٧٠/٣/١٠ وتدقيق النصوص القانونية يتبين ان (العنوان التجاري) الذي يتوجب تسجيله بمقتضى احكام المادة (٤٠) وما بعدها من قانون التجارة رقم (١٢) لسنة ١٩٦٦ هو العنوان الذي يتألف من الاسم الحقيقي او اللقب الحقيقي للتاجر مع أية إضافة لا تحمل الغير على فهم خاطئ فيما يتعلق بهوية التاجر كما هو واضح من نص المادة (٤١) من هذا القانون .

أما (الاسم التجاري) الذي يتوجب تسجيله بمقتضى أحكام قانون الأسماء التجارية رقم (٣٠) لسنة ١٩٥٣ فهو الاسم الذي لا يشتمل على الاسم الحقيقي او اللقب الحقيقي للفرد او الأسماء الحقيقية لجميع الشركاء المؤلفة منهم الشركة كما هو واضح من نص المادتين (٢ و ٣ ٩) من هذا القانون .

ولهذا فان (العنوان التجاري) المقصود في قانون التجارة هو خلاف (الاسم لاتجاري) المقصود بقانون الأسماء التجارية وينبغي ان يتم تسجيل اي منهما بمقتضى القانون الخاص به"[١] .

وكون الاسم التجاري والعنوان التجاري إذا ما ارتبطا معا في شركة مساهمة عامة أو محدودة المسؤولية يصبحان يشكلان في مجموعهما اسما تجاريا واحدا[٢]، فإننا سنبحث استنادا لذلك في تكوين الاسم التجاري والعنوان التجاري معا :

---

(١) القرار التفسيري رقم (١٠) لسنة ١٩٧٠ تاريخ ١٩٧٠/٤/٢ المنشور على الصفحة ٧٢١ من عدد الجريدة الرسمية رقم ٢٢٣٩ تاريخ ١٩٧٠/٥/١.

(٢) المحامي عامر محمود الكسواني ، **الملكية الفكرية** (مرجع سابق) ، ص ١٧٢ .

• الاسم التجاري للتاجر الفرد يجب ألا يتضمن اسمه أو لقبه الحقيقي وإنما يكون عبارة عن تسمية مبتكرة أو تسمية مستعارة أو مصطلح مشتق من طبيعة التجارة التي يمارسها أو يتعاطى بها ، أو من اسم ما أو لقب ما أو خليط بينهما[1].

• شركة التضامن وفقا للمادة (١٠) من قانون الشركات رقم (٢٢) لسنة ٩٧ يجب أن يقترن اسمها التجاري بعنوانها التجاري ، وقد تطلب المشرع أن يحتوي العنوان التجاري على أسماء جميع الشركاء فيها أو من لقب أو كنية كل منهم أو من اسم واحد أو أكثر منهم أو لقبه مضافا إليها عبارة (وشركاه) أو (وشركاهم) حسب مقتضى الحال. وذلك كونها تقوم على الاعتبار الشخصي للشركاء.

• شركة التوصية البسيطة يتكون عنوانها التجاري من أسماء الشركاء المتضامنين فقط وإذا لم يكن فيها إلا شريك متضامن واحد فيجب أن تضاف عبارة (وشركاه) إلى اسمه[2] .

• شركة التوصية بالاسهم يتكون اسمها من اسم واحد أو اكثر من الشركاء المتضامنين فقط مضافا إلى اسمها عبارة (شركة توصية بالأسهم) وما يدل على غاياتها [3] .

• الشركة ذات المسؤولية المحدودة تستمد اسمها التجاري من غاياتها مضافا إليها عبارة (ذات المسؤولية المحدودة) أو الأحرف (ذ. م.م)[4] . ومن

---

(١) انظر د.صلاح زين الدين،**التشريعات الصناعية والتجارية** (مرجع سابق)، ص٢٠١

(٢) م **(٤٢) قانون الشركات** رقم (٢٢) لسنة ٩٧ .

(٣) م **(٧٩) قانون الشركات** رقم (٢٢) لسنة ٩٧ .

(٤) م **(٥٥) قانون الشركات** رقم (٢٢) لسنة ٩٧ .

الملاحظ هنا بأن المشرع قد أعطى لهذا النوع من الشركات اسما تجاريا لا عنوانا تجاريا نظرا لقيامها على الاعتبار المالي لا الشخصي للشركاء فيها.

• الشركة المساهمة العامة تستمد اسمها من غاياتها على أن تتبعه بعبارة (شركة مساهمة عامة محدودة) أو الأحرف (ش.م.ع.) ، ولا يجوز أن يتكون اسمها التجاري من اسم شخص طبيعي إلا في حالة واحدة وهي أن تكون غاية الشركة استثمار براءة اختراع مسجلة بصورة قانونية باسم ذلك الشخص[١] . وهنا نجد بأنه ونظرا لأهمية هذا النوع من الشركات ونظرا لما تقوم عليه هذه الشركة من اعتبارات مالية باعتبارها شركة أموال فإن هذه الشركة تستمد اسمها من غاياتها وليس من أسماء الشركاء فيها وذلك حتى لا يتناهى إلى اعتقاد من يتعاملون مع تلك الشركة بمسؤولية شخص أو عدة أشخاص عن التزامات الشركة في جميع أموالهم[٢] .

المبحث الثالث

وظائف الاسم التجاري :

١- الغاية الأساسية والرئيسة المبتغاة من الاسم التجاري هي لتمييز المنشآت التجارية عن غيرها من المنشآت المشابهة والمماثلة للتسهيل على عملائها الذين يفضلونها بالتعرف عليها وعدم الخلط بينها وبين غيرها ، مما يجعل منه أداة إعلانية ودعائية تميز المتجر عن غيره من المتاجر.

٢- لتمييز السلع والبضائع التي ينتجها التاجر أو يقوم ببيعها إذا ما توافرت

---

(١) م (٩٠/ج) **قانون الشركات** رقم (٢٢) لسنة ٩٧ .

(٢) انظر د.صلاح زين الدين،**التشريعات الصناعية والتجارية** (مرجع سابق)، ص٢٠٦

في ذلك الاسم التجاري شروط العلامة التجارية . وفي هـذه الحالـة يصبح الاسم التجاري أداة لتمييز المتجر وأداة لتمييز المنتجات والسلع كعلامة تجارية في نفس الوقت[1] .

٣- كما يستخدم الاسم التجاري للتوقيع بواسطة صاحب المتجر علـى المستندات والتعهدات الصادرة منه بخصوص المحل التجاري وذلك لتمييز التعهدات والمستندات الصادرة عن التاجر لشؤون متجر معـين عن تلك الصادرة عنه لشؤونه الخاصة أو لشؤون متجر آخر يملكه ذات التاجر. وهـذه الوظيفـة للاسـم التجـاري يمكن استخلاصها مـن قرار محكمة العدل العليا الأردنية رقم (٨٥/٩٤) المنشـور في عـدد مجلة نقابة المحامين لسنة ١٩٨٦ على الصفحة (٤٩١) إذ جاء فيه :

" إن قانون تسجيل الأسـماء التجاريـة قـد أضفى علـى الاسـم التجاري صفة قانونية بحيث يكون صالحا لإسناد الالتزامـات والحقـوق إليه في الشؤون التجاريـة المتعلقـة بالمحـل التجـاري وبحيـث يجيـز للتـاجر أن يستعمل هذا الاسم للتوقيع به على معاملاته وأوراقه التجارية في هذه الشؤون".

٤- يتخذ بواسطته التـاجر كافـة الإجـراءات القانونيـة إذا كـان هذا الاسم التجاري مسجلا . وقد ورد ذلك في قرار محكمـة التمييـز الأردنيـة رقم (٨٦/١٤) المنشور على الصفحة رقم (١٢٦٧) مـن عـدد مجلة نقابـة المحامين لسنة ١٩٨٨ حيث جاء فيه :

"إن للتاجر أن يتخذ كافة الإجراءات القانونية بالاسم التجاري إذا كان مسجلا".

---

(١) د.سميحة القليوبي ، الملكية الصناعية (مرجع سابق) ، ص ٣٤٧

تسجيل الاسم التجاري

المبحث الأول

الأسماء التجارية التي لا يجوز تسجيلها :

لقد كانت هناك عدة اعتبارات دفعت مشرعنا الأردني إلى منع تسجيل بعض الأسماء التجارية سواء أكانت اعتبارات سياسية أم وقائية أم تقتضيها القوانين. وقد نص قانون الأسماء التجارية رقم (٢٢) لسنة ٢٠٠٣ على منع تسجيل بعض الأسماء التجارية[١] نوردها على النحو التالي :-

١- إذا كان الاسم التجاري المراد تسجيله مطابقا لاسم تجاري أو لعنوان تجاري أو كان أي منهما مملوكا لشخص آخر ، وللنوع ذاته من التجارة او لنوع مشابه قد يثير اللبس لدى الجمهور .

٢- إذا كان مشابها لاسم تجاري أو لعنوان تجاري الى درجة قد تثير اللبس لدى الجمهور وكان أي منهما مملوكا لشخص آخر ، وللنوع ذاته من التجارة أو لنوع مشابه قد يثير اللبس لدى الجمهور .

٣- إذا كان ذلك الاسم التجاري مطابقا أو مشابها لعلامة تجارية مسجلة ، على أن يكون هذا التطابق أو التشابه على درجة من شأنها أن تثير اللبس لدى الجمهور .

(١) م (٥) **قانون الأسماء التجارية** رقم (٢٢) لسنة ٢٠٠٣ .

٤- إذا كان مطابقـا أو مشابها لاسم تجاري مشهور أو لعلامـة تجاريـة مشهورة سواء للنوع ذاته من التجارة أو لأي نوع آخر .

٥- إذا كان ذلك الاسم المراد تسجيله يؤدي إلى إيهام الغيـر بـان مالكـه ذو صفة رسمية أو انه يتمتع برعاية خاصة .

٦- إذا تضمن اسما مدنيا لشخص آخر دون اخذ موافقته أو موافقـة ورثتـه إذا كان المتوفى حديث الوفاة، وأجد بأنه ما كان يجب إضافته (حديثا) وإنما وجوب أخذ موافقة الورثة أيا كان تاريخ الوفاة.

٧- إذا كان قد يـؤدي الى تضليل المستهلك فيما يتعلـق بنـوع التجارة أو أهميتها أو حجمها أو قد يؤدي الى تضليله بأي صورة من الصور .

٨- إذا تضمن أسمـاء لهيئـات أو لمنظمات معروفة إلا إذا حصـل طالـب التسجيل على موافقة خطية من تلك الهيئة أو المنظمة لتسجيل الاسـم التجاري على اسمها.

ويتضح مـن التعـديل الـذي أدخلـه المشرــع الأردني عـلى الأسمـاء التجارية التـي لا يجوز تسجيلها بأنـه قـد واكب المتغيرات والمتطلبـات الاقتصادية التي تشهدها المملكة وخصوصا من خـلال تشرـيعاتها المتعلقـة بحقوق الملكية الفكرية والصناعية فراعى من خلال هذه التعديل مصلحة وحقوق أصحاب الأسماء والعناوين والعلامات التجارية ووضع حلا لما كان يثور مـن إشكاليات عمليـة تتمثـل في تسجيل الكثيرين لأسمـاء تجاريـة مشابهة أو مطابقة لأسماء أو عناوين أو علامـات تجاريـة أخرى ممـا قـد يلحق ضررا جسيما بسمعة تلك الأخيرة، كما يلاحظ بأن القانون الجديد قد أخذ بفكرة (الاسم التجاري المشهور) على غرار (العلامة التجارية المشهورة) ما مـن شأنه تحقيق الحمايـة للأسمـاء المشهورة عالميا وبالتالي تشجيع أصحاب تلك الأسماء على الاستثمار في الأردن وبالتالي زيادة الدخل القومي للمملكة.

المبحث الثاني

شروط تسجيل الاسم التجاري:

على خلاف قانون تسجيل الأسماء التجارية رقم (٣٠) لسنة ٥٣ فقد حدد قانون الأسماء التجارية رقم (٢٢) لسنة ٢٠٠٣ بعض الشروط الشكلية التي يجب توافرها في الاسم التجاري المراد تسجيله ليكون قابلا للتسجيل وهي:

الشرط الأول : ان يكون الاسم التجاري جديدا:

أي أن لا يكون ذلك الاسم المراد تسجيله قد سبق استعماله او تسجيله لمصلحة شخص آخر ولنفس النوع من التجارة أو لنوع مشابه من تلك التجارة على نحو قد يثير اللبس لدى الجمهور .

الشرط الثاني : أن يكون الاسم التجاري مبتكرا :

بحيث يجب أن يكون الاسم التجاري وتحقيقا للغاية المبتغاة من تسجيله وحمايته غير شائع الاستعمال في نوع التجارة التي يستخدم لها الا إذا كان الاسم التجاري يتكون من اسم الشخص او لقبه .

الشرط الثالث : أن يكون الاسم التجاري باللغة العربية :

فيجب أن يتم تسجيل الاسم التجاري باللغة العربية سواء أكان ذلك الاسم كلمات أو أحرف ، إلا أنه واستثناء على هذا الشرط وبقرار من المسجل يمكن تسجيل أسماء تجارية بلغة أجنبية إذا كانت تلك الأسماء مملوكة لأشخاص أو لشركات أجنبية أو لشركات ذات رأسمال مختلط ومسجلة ومستعملة خارج المملكة ، بحيث يكون قرار المسجل بقبول تسجيل مثل تلك الأسماء قابلا للاعتراض لدى وزير الصناعة والتجارة.

الشرط الرابع : المشروعية

أي ألا يكون الاسم التجاري المراد تسجيله يوجد به ما يخالف القانون أو ينافي النظام العام أو الآداب العامة أو المصلحة العامة. ولعل هذا الشرط يعد من أهم تلك الشروط وخاصة في المجتمعات التي تتقيد بالقيم والعادات والأخلاق الإسلامية كما هو الحال في مجتمعنا الأردني.

المبحث الثالث
إجراءات التسجيل :

يتم تسجيل الأسماء التجارية لدى مسجل الأسماء التجارية في وزارة الصناعة والتجارة في سجل خاص يسمى (سجل الأسماء التجارية) يتضمن جميع البيانات المتعلقة بالأسماء التجارية وأسماء مالكيها وعناوينهم وما طرأ على هذه الأسماء التجارية من إجراءات وتصرفات قانونية والشهادات الصادرة لمالكي تلك الأسماء وأي تحويل أو تنازل أو نقل ملكية أو ترخيص ممنوح من مالك الاسم التجاري للغير باستعماله ، وكذلك أي رهن أو حجز يوقع على الاسم التجاري أو أي قيد على استعماله .

ونجد عمليا وحتى قبل صدور قانون الاسماء التجارية رقم (٢٢) لسنة ٢٠٠٣ الذي أجاز استعمال الحاسوب لتسجيل الأسماء التجارية بأن مديرية السجل التجاري والصناعي في وزارة الصناعة والتجارة تقوم بتنظيم هذا السجل من خلال أجهزة الحاسوب.

وقد سمح القانون لأي شخص الاطلاع على ما ورد في هذا السجل من بيانات[1].

---

(١) م **(٣/ب) قانون الأسماء التجارية المؤقت** رقم (٢٢) لسنة ٢٠٠٣ .

يتم تسجيل الاسم التجاري من قبل مالكه أو وكيله عن طريق تقديم طلب تسجيل لذلك الاسم التجاري إلى مسجل الأسماء التجارية في وزارة الصناعة والتجارة وفق النموذج المقرر لذلك مرفقا به بيانا خطيا يتضمن المعلومات والتفاصيل التالية :

١- الاسم التجاري أو الأسماء التجارية المراد تسجيلها حيث أنه يجوز تسجيل أكثر من اسم تجاري واحد للمحل التجاري بهدف تمييز أنواع التجارة المختلفة لذلك المحل بشرط أن يكون لنفس المحل فروعا تعمل في نشاطات أخرى ..

٢- اسم طالب التسجيل وجنسيته ومحل إقامته الاعتيادية ومهنته و/أو حرفته التجارية وسنه، وكذلك اسم المحل التجاري إذا كان المراد تسجيل الاسم التجاري له محلا تجاريا ، ومحل الإقامة الاعتيادي لصاحب المحل التجاري وسنه ،أما إذا كان ذلك الاسم التجاري يتعلق بهيئة مسجلة فيذكر اسمها ومركزها المسجل أو الرئيسي.

٣- صفة التجارة عن الوجهة العمومية .

٤- مركز التجارة الرئيسي .

ويتم توقيع هذا البيان التجاري المطلوب تسجيله وفق الآلية التالية :

• إذا كان يتعلق بفرد فيوقع من قبل ذلك الفرد .

• أما إذا كان ذلك البيان يتعلق بهيئة أو بمؤسسة فردية أو بشركة فيتم توقيع ذلك البيان من قبل الشخص المفوض بالتوقيع عن تلك الجهة أو من قبل وكيلها .

أما فيما يتعلق بالأسماء التجارية التي سجلت استنادا إلى قانون

تسجيل الأسماء التجارية رقم (٣٠) لسنة ٥٣ فيجب على مالكيها مراجعة مسجل الأسماء التجارية لإبداء رغبتهم في الاحتفاظ بهذا الاسم خلال ثلاث سنوات من تاريخ سريان قانون الأسماء التجارية المؤقت رقم (٢٢) لسنة ٢٠٠٣ تحت طائلة شطب تسجيل الأسماء التجارية التي لم يبد أصحابها رغبتهم في الاحتفاظ بها.

وبعد استكمال جميع الوثائق والمستندات المطلوبة يصدر مسجل الأسماء التجارية قراره بقبول أو عدم قبول تسجيل ذلك الاسم التجاري خلال عشرة أيام من تقديم طلب التسجيل ، بحيث يكون قراره في ذلك الشأن قابل للطعن فيه أمام محكمة العدل العليا[١].

وبمجرد صدور قرار مسجل الأسماء التجارية القاضي بتسجيل الاسم التجاري واستكمال كافة إجراءات التسجيل بما في ذلك دفع الرسوم القانونية يتم منح طالب التسجيل شهادة تفيد ملكيته لذلك الاسم التجاري الأمر الذي يرتب للتاجر مجموعة من الامتيازات على ذلك الاسم التجاري الذي سجل باسمه ومن أهم تلك الحقوق والامتيازات :

١- حق التاجر بعد تسجيل الاسم التجاري في احتكاره لهذا الاسم، إلا أن حق الاحتكار هذا حقا نسبيا وليس مطلقا من حيث نوع التجارة فلا يستطيع منع غيره من التجار من استعمال ذات الاسم التجاري في تجارة مختلفة عن نوع التجارة التي يمارسها المحل الذي يحمل هذا الاسم التجاري ، إذ أن ذلك المنع سيؤدي إلى انتفاء الغاية من منح الحماية لهذا الاسم وهي منع المنافسة غير المشروعة والإضرار بصاحب الاسم التجاري المسجل .

إلا أن مجرد تسجيل الاسم التجاري لا يعد بحد ذاته قرينة قاطعة على

---

(١) م(٧/ب) قانون الأسماء التجارية رقم (٢٢) لسنة ٢٠٠٣

ملكية الاسم التجاري بالنسبة لمن سجل لمصلحته إذ أن القانون منح للمسجل الحق في شطب أي اسم تجاري تم تسجيله بصورة مخالفة لأحكام قانون تسجيل الاسماء التجارية .كما أنه أجاز منع استعمال الاسم التجاري إذا ما قامت ظروف تبرر ذلك المنع كالظروف التي تقتضيها المصلحة العامة ومحاربة المنافسة غير المشروعة[1].

٢- يكون لصاحب الاسم التجاري الحق في حماية اسمه التجاري من أي اعتداء يقع عليه من قبل الغير سواء أكان ذلك الاعتداء يتمثل في القيام بعمل من أعمال المنافسة غير المشروعة أو من خلال تقليد ذلك الاسم التجاري.

٣- يستطيع صاحب الاسم التجاري التصرف به ، كما ويمكن الحجز عليه ورهنه بمعزل عن المحل التجاري المخصص له ذلك الاسم كما يستطيع التصرف بالمحل التجاري بمعزل عن الاسم التجاري بحيث يمكن له بيع الاسم التجاري والاحتفاظ بالمحل التجاري كما يستطيع بيع المحل التجاري مع احتفاظه بملكية الاسم التجاري شريطة أن ينص عقد البيع صراحة على استثناء الاسم التجاري من ذلك العقد وإلا انصرف البيع إلى الاسم التجاري أيضا ويمكن استخلاص حق التاجر في التصرف بالمحل التجاري بمعزل عن الاسم التجاري بالإضافة إلى نص المادة (٨/ب) من قانون الأسماء التجارية رقم (٢٢) لسنة ٢٠٠٣ من خلال الرجوع إلى قرار محكمة التمييز الأردنية رقم **(٨٥/٣٢)** المنشور في عدد مجلة نقابة المحامين لسنة ١٩٨٥ على الصفحة (٨٧٨) منه ، إذ أقرت فيه محكمة التمييز بجواز بيع الاسم التجاري مع المحل التجاري **على سبيل الجواز لا الوجوب :**

---

(١) د.صلاح زين الدين،**التشريعات الصناعية والتجارية** (مرجع سابق)، ص٢١٥

" ١ - إن الاسم التجاري عنصر من عناصر المحل التجاري يجوز بيعه ويجـوز لمن اشترى المحل استعمال هذه الاسم ".

إلا أنه وفي حالة احتفاظ التاجر بالاسم التجاري فإنه يترتب علـى كـل من البائع   (التاجر الذي باع محله) والتاجر الذي اشتراه التزامان متقابلان يتمثل الأول في التزام المشتري بعـدم استعمال الاسـم التجاري الـذي كـان يخص ذلك المحل في تجارته . والتزام مقابل من بائع المحل التجاري بعـدم استعمال ذلك الاسم التجاري لمنافسة المشتري منافسة غير مشروعة .

على أنه يحق لمشتري المحل التجاري والاسم التجاري استعمال الاسـم التجاري على ذلك المتجر إذا كـان قـد حصـل علـى إذن مسـبق مـن البـائع ولكن بشرط أن يضيف بيانا أو عبارة إلى ذلك الاسم التجاري يفيد بأن ذلك الاسم التجاري قد انتقلت ملكيته له ولم ينشئه هو بذاته كأن يضيف إليـه عبارة " خلفا " أو " سابقا " أو أن يضيف اسـمه الشخصي ـ إلى جـواره وذلك حتى يصبح الاسم التجاري مميزا للمتجر سواء تغير مالكه أم لم يتغير. [1]

وخيرا فعل مشرعنا الأردني عندما سمح بإمكانية بيع الاسم التجاري او التنـازل عنـه أو رهنـه أو إجـراء الحجـز عليـه دون نقل ملكيـة المحـل التجاري أو التنازل عنه أو رهنه أو الحجز عليـه وذلك لمـا قـد يصـل إليـه الاسم التجاري من سمعة وشهرة عاليتين فيصبح بذلك هذا الاسم التجاري ذا قيمة مالية يمكن الاستفادة منها بصورة مستقلة بدلا من أن ترتبط تلـك الفائدة بضرورة بيع المحل التجاري ممـا يجعـل مـن ذلـك الاسم لا يعـدو كونه عنصرا من عناصر المتجر لا يمكن التصرف به بمعزل عن ذلك الأصل .

(١) د.سميحة القليوبي ، الملكية الصناعية (مرجع سابق) ، ص ٣٦٧

٤- انتقال ملكية الاسم التجاري وجميع ما تتعلق به من حقوق للورثة بعد وفاة مالكه.

إلا أن تسجيل الاسم التجاري المراد استعماله يصبح إلزاميا إذا ما أراد شخص ما استعماله فلا يجوز استخدام أي إسم تجاري دون أن يكون ذلك الاسم مسجلا في سجل الأسماء التجارية ولم يقتصر الأمر على مجرد المنع بل وقد فرض القانون غرامة جزائية على من يخالف ذلك المنع ،كما أن محكمة العدل العليا كانت قد رتبت عدة آثار ونتائج على تخلف صاحب الاسم التجاري عن تسجيله لدى وزارة الصناعة والتجارة بأن يفقد أي حقوق ناشئة له عن أي عقد تم عقده بنفسه أو نيابة عنه يتعلق بتلك التجارة التي تخلف عن تقديم التفاصيل أو التغيرات على هذه التفاصيل بشأنها وذلك خلال فترة تخلفه بما في ذلك إقامة الدعوى أو اتخاذ أي إجراء قانوني سواء تتعلق بالاسم التجاري أو بغير ذلك ، ونورد إحدى قرارات محكمة العدل العليا المتعلقة بهذا الشأن فقد ورد في قرارها رقم **(٨٥/٩٤)** المنشور على الصفحة (٤٩١) في عدد مجلة النقابة لسنة ١٩٨٦ ما يلي :

"لا تنفذ حقوق المتخلف عن تسجيل الاسم التجاري لا بإقامة دعوى ولا باتخاذ إجراءات قانونية سواء بالاسم التجاري أو بغير ذلك أثناء تخلفه ، ويجوز للمتخلف أن يقدم طلبا لإعفاءه من المنع وفقا للأسس المبينة في الفقرة (٢) من البند (١) من المادة العاشرة من قانون تسجيل الأسماء التجارية رقم (٣٠) لسنة ٥٣" .

يجوز لكل ذي مصلحة الطعن في تسجيل الاسم التجاري المسجل ، إلا أن هذه الصلاحية في الطعن بتسجيل الأسماء التجارية المشابهة أو المماثلة للأسماء التجارية المسجلة من قبل لا تنشأ للشركات الأجنبية غير المسجلة في

مواجهـة الشركـات المسـجلة في الأردن[1] اسـتنادا إلى قـرار محكمـة التمييز الأردنية رقم (٨٦/٦٤١) المنشور في مجلة نقابة المحامين سنة ١٩٦٤ على الصفحة (١٩٩٨) إذ جاء فيه :

١ - "إن قانون الشركات رقم (١٢) لسنة ١٩٦٤ قد وضع لتنظيم أوضاع وحقوق الشركات المسجلة بمقتضى أحكامه.

٢ - إن حمايـة الاسـم هـو حـق مقـرر للشركـات المسـجلة بمقتضىـ قانـون الشركات رقـم (١٢) لسـنة ١٩٦٤ بدلالـة عبـارات المـادة الخامسـة أو عبارات المادة السادسة منه .

٣ - لا تملك الشركة الأجنبية غير المسجلة بمقتضى ـ قانون الشركات الأردني حق الاعتراض المقرر للشركات المسجلة في منع استعمال الأسماء المماثلة أو المشابهة لاسمها" .

ويقدم الطعن المتعلق بتسجيل الاسم التجاري إلى **محكمة البداية** بصفتها المحكمـة المختصـة بنظـر المنازعـات المتعلقـة بتسـجيل الأسماء التجاريـة أو التعدي عليها سندا للمـادة (١٣) مـن قانـون الأسماء التجاريـة وهذا الاختصاص لمحكمة البداية أيدته من قبـل محكمـة العـدل العليـا في قرارها رقم (٩٤/٢١١) المنشور في عدد مجلة النقابة لسنة ١٩٩٥ صفحة (٧١) : " لا تختص محكمة العدل العليا بالنزاع القائم على ملكية الاسـم التجاري الأمر الذي يغدو النزاع معه نزاعا حقوقيا يخرج عـن اختصاصها ويكون الاختصاص للمحاكم النظامية " وطالما أن الاختصاص في نظر الطعن في تسجيل الاسم التجاري يكون للمحاكم النظاميـة ومحكمـة البدايـة هـي صاحبة الولاية العامة فتكون هي المختصة بنظر مثل ذلك النزاع .

(١) ربا القليوبي ، **حقوق الملكية الفكرية** (مرجع سابق) ، ص ٣٣٧

إلا أن الحق في ملكية واستغلال واحتكار الاسم التجاري ليس حقا مطلقا غير قابل للنزع أو الشطب فلا بد من أن يحقق تسجيل اسم تجاري ما الغاية المرجوة من ذلك التسجيل والحماية التي تترتب له بعد ذلك التسجيل وإلا فيكون في استمرار بسط الحماية لذلك الاسم التجاري إعاقة للتقدم التجاري والاقتصادي وبالتالي يحق لمسجل الأسماء التجارية إما من تلقاء نفسه أو بناء على طلب أي شخص ذو مصلحة أن يقرر شطب الاسم التجاري في أي من الحالات التالية :

١- بناء على قرار من المحكمة المختصة .

٢- إذا كان تسجيل الاسم التجاري قد تم خلافا لاحكام القانون .

٣- إذا لم يقم مالك الاسم التجاري المسجل استنادا لقانون تسجيل الأسماء التجارية الملغي بإبداء رغبته لمسجل الأسماء التجارية بالاحتفاظ بذلك الاسم خلال ثلاث سنوات من سريان قانون الأسماء التجارية المؤقت رقم (٢٢) لسنة ٢٠٠٣, .

٤- إذا ثبت عدم مزاولة مالك الاسم التجاري للتجارة لمدة خمس سنوات متصلة.

وآخر دعوانا أن الحمد لله

الخـاتمـة

من خلال الدراسة السابقة يتضـح أن المشرـع الأردني وجـراء انضمـام المملكة إلى منظمة التجارة العالمية كان حريصا كـل الحـرص عـلى وضع تشريعات وقوانين تتضمن نصوصا متفقة إلى حد كبير مع مـا تتطلبـه الاتفاقيات والمواثيق الدولية من خطوات وإجراءات فعالة لحماية حقوق الملكية الفكرية فكان لا بد مـن البحـث في أهـم ما تضـمنته بعض هـذه التشريعات من جوانب تنظم تسجيل وحماية تلك الحقوق .

وقد ضم هذا الكتـاب بـاب تمهيدي تضـمن تعريفـا مـوجزا للقـارئ الكريم بحقوق الملكية الصناعية بشكل عام تضمن الحـديث عـن حقـوق الملكية الصناعية مـن حيـث مفهومهـا وخصائصـها ، ومـن ثم التعرف إلى النشأة التاريخية للتشريعات التي تحمي هذه الحقوق والطبيعة القانونيـة لحقوق الملكية الصناعية .

كما وتضـمن البـاب التمهيـدي رأي الفقـه في ضرورة حمايـة حقـوق الملكية الصناعية وحجج كل فريق على ما قال .

وفي خاتمة الباب التمهيدي ارتأى المؤلف أن ينهي ذلك البـاب بـذكر أهم المصادر الدولية والوطنية لتشريعات الملكية الصناعية .

كما تم تقسيم هذا الكتاب إلى أربعة أبواب أخرى خصص كـل بـاب منها للحديث عن واحد من أهـم وأكثر حقوق الملكية الصناعية شيوعا واستخداما في حياتنا العملية في الأردن .

فكان الحديث في الباب الأول منه عن العلامة التجارية في عدة جوانب مرتبطة من حيث مفهومها وشروطها وكيفية تسجيلها ، وقد تم تخصيص أحد فصول هذا الباب لتعريف القارئ الكريم على بعض أنواع العلامات التجارية الواجب حمايتها والتي لم تكن تحوز على اهتمام المشرع في السابق ألا وهي العلامة المشهورة والعلامة الجماعية وعلامة الخدمة.

وكان الحديث في الباب الثاني عن براءة الاختراع ، والاختراعات التي يمكن حمايتها قانونا وأهم الشروط الواجب توافرها في تلك الاختراعات حتى نتمكن من حمايتها ، إضافة إلى فصل خاص بكيفية تسجيل هذه الاختراعات . وقد كان من الضروري أن يضم هذا الباب حيزا جيدا للبحث فيه في موضوع الرخصة الإجبارية في استغلال براءة الاختراع وما هي شروط منحها ومتى يتم منحها ، لما لهذا الموضوع من أهمية بالغة عمليا نظرا لما طرأ على النصوص المنظمة لمنح الرخصة الإجبارية من تعديلات جوهرية وإيجابية في قانون براءات الاختراع رقم (٣٢) لسنة٩٩ .

أما موضوع الباب الثالث فقد كان حول الرسوم والنماذج الصناعية أو كما أسمتها اتفاقية تريبس " التصميمات الصناعية " ، وقد تم من خلاله بيان الفرق بينهما بأن النموذج الصناعي هو شكل السلعة ذاتها أما الرسم الصناعي فهو ترتيب وتنسيق للخطوط على تلك السلعة لإعطائها شكلا يميزها عن غيرها من السلع ، كما بين الكتاب ما يمكن أن يكون رسما أو نموذجا صناعيا وما لا يمكن اعتباره كذلك ، وبعد ذلك كان لابد من بيان الشروط الواجب توافرها في الرسم أو النموذج الصناعي حتى يمكن تسجيله وبالتالي حمايته ، أما الفصل الثاني من هذا الباب فقد شرح إجراءات تسجيل الرسوم والنماذج الصناعية ووقفنا أثناء ذلك عند نقطة هامة وحديثة على تشريعاتنا وهي منح الشخص أو الجهة التي كانت قد تقدمت

بطلب لتسجيل رسم أو نموذج صناعي في المملكة أو لـدى أيـة دولـة مرتبطة معها باتفاقيـة بـاريس لحمايـة الملكيـة الصـناعية حـق أولويـة في تسجيل ذلك الرسم أو النموذج على غيره ممن يرغب بتسجيله إذا ما قـدم صاحب حق الأولوية طلبه اللاحق قبل حلول المدة القانونية المحـددة مـن تقديمه للطلب الأول .

أما الباب الرابع فقد تم تخصيصـه للاسـم التجـاري مـن حيـث بيـان ماهيته ، والتفريق بينه وبين العنوان التجـاري الـذي يخلـط الكثـير بيـنهما مسترشدا في ذلك بقرار الديوان الخاص لتفسير القوانين رقـم (١٠/٧٠)، كـما تضمن المبحث الثاني من مباحث الفصل الأول من هذا الباب تكوين الاسم التجاري والعنوان التجاري سواء عنـدما يخـص ذلـك الاسـم تـاجرا فـردا أم شركة بأنواعها المختلفة مع بيان أي من تلـك الشركات يأخـذ اسـما تجاريـا وأي منها يأخذ عنوانا تجاريا، أمـا المبحـث الثالـث مـن ذلـك الفصـل فقـد تضمن وظائف الاسم التجاري كما حددها الفقه . وكان الفصـل الثـاني مـن هذا الباب لبيان كيفية تسجيل الأسماء التجارية التي يجوز تسجيلها قانونا بعد أن كان المبحث الأول منه قـد بـين مـا لا يجـوز تسـجيله مـن الأسـماء التجارية .

وقد رأى المؤلف تحقيقا للغاية المبتغاة من هذا الكتاب ضرورة إيراد أهم التعريفات الفقهية لكل حق من حقوق الملكية الفكريـة ، إضـافة لمـا ورد لهـا مـن تعريفـات في اتفاقيـة (TRIPS) واتفاقيـة بـاريس واللتـان تعتبران من أهم الاتفاقيات الدولية في مجال الملكيـة الفكريـة التـي يجـب على المملكة التقيد بنصوصها ، ثم أشرت إلى التعريف الـذي أورده المشرـع الأردني لكل منها حسب ما ورد في القـوانين المتعلقـة بكـل حـق مـن هـذه الحقوق .

وكان من الضروري أن يضـم هـذا الكتـاب في أبوابـه المختلفـة شرحـا ومعالجة لأهم التعديلات التي طـرأت وأدخلـت عـلى تشرـيعاتنا المتعلقـة بحقوق

الملكية الصناعية لاسيما ما يتعلق منها بالعلامة المشهورة والعلامة الجماعية وعلامة الخدمة، وحق الأولوية في تسجيل الاختراعات والرسوم والنماذج الصناعية ، وكيفية وإجراءات منح الرخص الإجبارية لاستغلال الاختراعات وفقا لقانون براءات الاختراعات رقم (٣٢) لسنة ٩٩ .

وقد كان جل اهتمامي عند إعداد هذا المؤلف ينصب على ضرورة أن يكون مرجعا حديثا ومواكبا لأحدث التشريعات القانونية والمبادئ القانونية سواء أكانت لمحكمة العدل العليا أم لمحكمة التمييز فضمنت هذا الكتاب عددا كبيرا من المبادئ القانونية كلما رأيت حاجة لإيضاح أو استنتاج مسألة ما حسب مقتضى الحال آملا في ذلك أن تعزز تلك المبادئ ما تضمنه هذا الكتاب من شرح وبيان للحقوق الفكرية الواردة فيه طبقا لأحدث وآخر التشريعات القانونية المتعلقة بهذه الحقوق.

راجيا من الله أن أكون قد أوفيت هذا الموضوع حقه وأن يكون هذا المؤلف بمثابة المرجع لكل مهتم أو مختص أو ذي صلة بموضوع الملكية الصناعية .

المراجــع

الكتب والمؤلفات :-

١- د.أكثم أمين الخولي ، **الوسيط في القانون التجاري** ، ب ن ، ، ١٩٦٤,

٢- د.أكثم أمين الخولي ، **الموجز في القانون التجاري** ، مطبعة المدني / القاهرة ١٩٧٠م .

٣- أ.د.حسن الهداوي ، **القانون الدولي الخاص ــ تنازع القوانين** - ، دار الثقافة للنشر والتوزيع / عمان ١٩٩٥م .

٤- د.حسني عباس ، **الملكية الصناعية أو طريق انتقال الدول النامية إلى عصر ـ التكنولوجيا** ، الناشر : المنظمة العالمية للملكية الفكرية (WIPO) جنيف ١٩٧٦ .

٥- ربا طاهر القليوبي ، **حقوق الملكية الفكرية** ، مكتبة دار الثقافة للنشر ـ عمان ١٩٩٨م .

٦- د.سميحة القليوبي ، **الملكية الصناعية** ، دار النهضة العربية / القاهرة ، ب ت .

٧- د.سميحة القليوبي ، **القانون التجاري ج١** ، دار النهضة العربية / القاهرة ١٩٨١م.

٨- د.سينوت حليم دوس ، **تشريعات براءات الاختراع في مصر والدول العربية**، منشأة المعارف / الإسكندرية ١٩٨٨م .

٩- د.صلاح زين الدين ، **الملكية الصناعية والتجارية** ، مكتبة دار الثقافة للنشر ـ والتوزيع / عمان ، الطبعة الأولى ٢٠٠٠م.

١٠- د.صلاح زين الدين،**التشريعات الصناعية والتجارية** ،مكتبة دار الثقافة للنشر والتوزيع / عمان ، الطبعة الأولى ٢٠٠٣م.

١١- المحامي صلاح سلمان الأسمر ، **شرح قانون العلامات التجارية الأردني**، ب ن ، ١٩٩٢م .

١٢- المحامي صلاح سلمان الأسمر ، **العلامة التجارية في القانون الأردني والمصري** ، مطبعة التوفيق / عمان ١٩٨٦م .

١٣- د.صلاح الدين الناهي ، **الوجيز في الملكية الصناعية والتجارية** ، دار الفرقان/عمان، ب ت .

١٤- المحامي عامر محمود الكسواني ، **الملكية الفكرية** ، دار الجيب للنشر والتوزيع / عمان ١٩٩٨م .

١٥- ماهر فوزي حمدان ، **حماية العلامات التجارية (دراسة مقارنة)** ، منشورات الجامعة الأردنية ١٩٩٩م .

١٦- محمد أنور حماده ، **النظام القانوني لبراءات الاختراع والرسوم والنماذج الصناعية** ، دار الفكر الجامعي / الاسكندرية ٢٠٠٢ .

١٧- د.محمد حسني عباس ، **التشريع الصناعي** ، ب ن ، ١٩٦٧م .

١٨- د.محمد حسني عباس ، **الملكية الصناعية والمحل التجاري** ، دار النهضة العربية / القاهرة ١٩٧١م .

١٩- منير وممدوح محمد الجنبيهي ، **العلامات والأسماء التجارية** - دار الفكر الجامعي / الإسكندرية ٢٠٠٠م .

20- W.R Cornish, **Cases and Materials on Intellectual Property** Sweet & Maxwell, London 1999.

الرسائل الجامعية :-

١- أحمد يحيى جرادة ، **ملكية العلامة التجارية في القانون الأردني** - كلية الدراسات العليا / الجامعة الأردنية ١٩٩٣م (رسالة ماجستير) .

٢- عرار نجيب خريس ، **جرائم الاعتداء على العلامة التجارية في القانون**

الأردني - كلية الدراسات العليا / الجامعة الأردنية (رسالة ماجستير).

٣- محمد حسين إسماعيل ، **الحماية الدولية للعلامة التجارية** - كلية الحقوق/ جامعة القاهرة ١٩٧٨م (رسالة دكتوراه) .

القوانين :

١- القانون المدني الأردني رقم (٤٣) لسنة ١٩٧٦ .

٢- قانون العلامات التجارية رقم (٣٣) لسنة ١٩٥٢ وتعديلاته.

٣- نظام العلامات التجارية رقم (١) لسنة ١٩٥٢ وتعديلاته .

٤- قانون براءات الاختراع رقم (٣٢) لسنة ١٩٩٩ وتعديلاته.

٥- نظام براءات الاختراع رقم (٩٧) لسنة ٢٠٠١ .

٦- قرار امتيازات الاختراعات والرسوم رقم (١) لسنة ١٩٥٣ .

٧- قانون الرسوم الصناعية والنماذج الصناعية رقم (١٤) لسنة ٢٠٠٠ .

٨- نظام الرسوم الصناعية والنماذج الصناعية رقم ٥٢ لسنة ٢٠٠٢, .

٩- قانون الأسماء التجارية المؤقت رقم (٢٢) لسنة ٢٠٠٣ .

١٠- قانون الشركات الأردني رقم (٢٢) لسنة ١٩٩٧ .

الاتفاقيات الدولية :-

١- اتفاقية جوانب الملكية الفكرية المتصلة بالتجارة (TRIPS) .

٢- اتفاقية باريس لحماية الملكية الصناعية .

الدوريات :-

١- الجريدة الرسمية.

٢- مجلة نقابة المحامين

٣- المجلة القضائية.

T0148107

Printed in the United States
By Bookmasters